Irmi Hoffmann

Mehlspeisen

Irmi Hofmann

Mehlspeisen

wie zu Großmutters Zeiten!

SüdOst Verlag

Bildnachweis
InForm Verlags Service, Passau: Titelbild, S. 36, 72, 108, 144
C.P. Fischer BFF, München: S. 18, 90, 126
Karl-Heinz Paulus: S. 54

Die Deutsche Bibliothek-CIP Einheitsaufnahme

Irmi Hofmann
Mehlspeisen
Mehlspeisen wie zu Großmutters Zeiten!
Waldkirchen: SüdOst Verlag 1998
ISBN 3-89682-023-0

ISBN 3-89682-023-0

Mehlspeisen – ein Kochbuch-Thema in der heutigen Zeit?

Irmi Hofmann

Trotz einiger Erfahrung im Schreiben von Koch- und Backbüchern konnte ich mich nicht sofort entschließen, dem Wunsch meines Verlegers nach einem „Mehlspeisen-Kochbuch" nachzukommen. Mehlspeisen, so meinte er, würden auf alle Fälle in meine Kochbuch-Serie passen. Lange habe ich überlegt: Mehlspeisen in einer Zeit der Tiefkühlkost, der schnellen Küche, der Fertiggerichte, der Diäten?

Nach intensiver Beschäftigung mit dem Thema und durch Befragen vieler leidenschaftlicher Köchinnen und Köche fanden sich doch sehr viele Argumente dafür.

Mehlspeisen

- ○ *süße Träume aus Großmutters Küche, aus dem Urlaub in Österreich, wo der Begriff ja auch für Kuchen und Torten verwendet wird?*

- ○ *süß und sündig, anregende Nachspeisen mit amouröser Wirkung oder Schlankheitskiller?*

- ○ *Vollendung kulinarischer Verführung im Dessert?*

- ○ *Erinnerungen an große Köchinnen in der „guten alten Zeit"?*

- ○ *fester Bestandteil bayerischer Küchenkultur über Jahrhunderte*

- ○ *zart und flaumig, kräftig und herzhaft, fleischlos und vielfältig, echte bayerische Schmankerl, die der ganzen Familie schmecken*

- ○ *vollwertig und honiggesüßt*

- ○ *Kartoffel- und Süßspeisen, die es in sich haben, Strudel, Auflauf, Schmarrn, süße Schnitten, Pfannkuchen- und Nudelgerichte*

- ○ *ein Hauch von Nostalgie zum Sammeln und Aufbewahren*

Vorwort

Nach diesen Überlegungen und mit den interessanten Rezept-Einsendungen der Leser der Passauer Neuen Presse, die ja schon meine „Schmankerl aus dem Bauernjahr", „Kuchen und Torten", „Lieblingsrezepte aus Obst, Gemüse, Kartoffeln und Vollkorn", „Lieblingsplätzerl", „Urlaubsschmankerl" und „Weihnachtsbäckerei mit Honig, Zimt und Mandelkern" mitgestaltet haben, entstand mit dem „Mehlspeisen-Kochbuch" der nun schon siebte Band meiner Kochbuchreihe.

Die Einteilung in acht übersichtliche Kapitel erleichtert die Auswahl der Mehlspeisen. So ist für jeden Geschmack schnell das Richtige zu finden:

Aufläufe	**Pfannkuchen**
Knödel, Nockerl	**Schmarrn**
Kücherl, Krapferl	**Strudel, Maultaschen**
Nudeln	**Allerlei Schmankerl**

Mit allen Einsendern, denen ich herzlich für ihre Rezepte danke, bin ich der Überzeugung:

Mehlspeisen sind eine Sünde wert!

Irmi Hofmann

Irmi Hofmann

Einleitung

Zur Geschichte der Mehlspeisen

Gerade in einer Zeit der Hast und Hetze erinnern wir uns gerne an das Gute und Schöne, das uns Mutter oder Großmutter in und mit ihrer Küche bescherten. Dazu gehören Mehlspeisen, die ja in früheren Zeiten maßgeblich den Speiseplan bestimmten. Fleischspeisen gab es noch vor ein bis zwei Generationen selten öfter als zweimal in der Woche. Schauen wir zurück auf die bäuerlichen Wurzeln fast jeder ostbayerischen Familie, so erinnern wir uns, dass Frischfleisch nur zu Zeiten der Hausschlachtungen, also höchstens zweimal pro Jahr, verfügbar war.

Natürlich gab es schon immer bei der Zubereitung der Speisen regionale Unterschiede. So wurde im Rottal auf den größeren und ertragreicheren Höfen naturgemäß üppiger gekocht als auf einem kleinen „Sacherl" im Bayerischen Wald. Landwirtschaftliche Produkte dienten bis zum Ende des 19. Jahrhunderts in erster Linie der Selbstversorgung. Frische Produkte wie Gemüse, Obst, Waldfrüchte und Pilze kamen nur zur jeweiligen Erntezeit auf den Tisch. Bis ins 20. Jahrhundert waren die Konservierungsmöglichkeiten eher beschränkt, außer Sauerkraut und Kartoffeln hatten die Hausfrauen über den Winter wenig an Gemüse zu bieten. Selbst Einmachgläser hielten erst Anfang dieses Jahrhunderts Einzug in unsere Küchen.

Die Aufgabe der Frauen, die Familie und die Arbeitskräfte auf dem Hof mit schmackhaften Speisen, abwechslungsreicher und einigermaßen gesunder Kost zu ernähren, war damals ungleich schwieriger als heute mit dem riesigen Angebot auf den Märkten und im Zeitalter der Tiefkühltruhe.

Ganzjährig verfügbar waren Getreideprodukte, Mehle, Grieß, Hirse, Kartoffeln und aus der Rinderhaltung gab es täglich Milch, woraus Rahm, Butter, Schmalz, Topfen, g'stöckelte Milli und Käse zubereitet wurden. Aus diesen Produkten, ergänzt durch Gemüse und Obst aus dem Bauerngarten, schufen Generationen von Bäuerinnen und Hausfrauen vielfältige schmackhafte Mehlspeisen, die heute in Vergessenheit zu geraten drohen, da sie für viele zu zeitaufwendig im Nachkochen und zu üppig sind.

Um diesem Verlust entgegenzuwirken, haben wir die Rezepte für Sie ein wenig modernisiert (weniger Fett), verfeinert (viele Gewürze gab es früher nicht, z. B. Vanille, Zimt oder Zitrone) und dem heutigen Geschmack angepasst. Durch eine klare, für jede Köchin verständliche Sprache sind die Gerichte leicht nachzukochen und bringen doch das Flair der traditionellen, bodenständigen Küche auf den Tisch. Gerade für Mehlspeisen, die unleugbar arbeitsaufwendiger zuzubereiten sind als Tiefkühlkost, gilt: „Liebe geht durch den Magen!"

Aufläufe

Knödel, Nockerl

Kücherl, Krapferl

Nudeln

Pfannkuchen

Schmarrn

Strudel, Maultaschen

Allerlei Schmankerl

Aufläufe

Quark-Soufflé s. S. 29

Apfel-Bettelmann

500 g Äpfel
2 EL Zitronensaft
80 g Puderzucker
50 g Rosinen
1 EL Rum
1 TL abgeriebene Schale einer unbehandelten Zitrone
1 MSp Zimt
5 altbackene Semmeln
etwa ½ l Milch
2 Eier
1 Prise Salz
1 P. Vanillezucker
2 Eiweiß
60 g Puderzucker

Äpfel schälen, vierteln, vom Kernhaus befreien, in dünne Scheiben schneiden und mit Zitronensaft beträufeln. 80 g Puderzucker, Rosinen, Rum, Zitronenschale und Zimt darunter mischen. Semmeln in dünne Scheiben schneiden und untermengen. Masse in eine gefettete Auflaufform füllen.
Milch mit Eiern, Salz und Vanillezucker verquirlen und über die Apfel-Semmelmasse gießen. Apfel-Bettelmann etwa 15 Minuten ziehen lassen, bis die Eiermilch etwas aufgesogen ist, dann bei 175 Grad etwa 30 Minuten backen.
Eiweiß mit Puderzucker steif schlagen und kurz vor Ende der Garzeit auf dem Auflauf verteilen. Bei starker Oberhitze oder unter dem zugeschalteten Grill goldgelb backen. Nach Belieben mit Vanillesoße servieren.

HERMINE PRIELMEIER, ZAUNSÖDER WEG 1, 84367 TANN

Apfel-Milchreis-Auflauf

200 g Milchreis
0,6 l Milch
1 Prise Salz

400 g säuerliche Äpfel
4 EL Zitronensaft
½ TL Zimt
2–4 EL Zucker
100 g Rosinen

3 Eier, getrennt
30 g weiche Butter
70 g Zucker
1 TL geriebene Schale einer unbehandelten Zitrone
50 g gemahlene Mandeln

Milch mit Salz aufkochen, Milchreis bei schwacher Hitze darin weich kochen. Reis etwas abkühlen lassen.
Äpfel schälen, in dünne Scheiben hobeln, mit Zitronensaft, Zucker, Zimt und Rosinen vermengen.
Eiweiß zu steifem Schnee schlagen. Eigelb mit Butter und Zucker schaumig rühren, Zitronenschale und gemahlene Mandeln dazugeben und die Masse unter den abgekühlten Milchreis mengen. Eischnee vorsichtig unterheben. Die Hälfte dieser Masse in eine gut gebutterte Auflaufform geben. Apfelmischung darauf verteilen und mit dem Rest der Reismasse bedecken.
Auflauf bei 175 Grad etwa 35 Minuten backen.

BIRGITT KURZBÖCK, FICHT 4, 94107 UNTERGRIESBACH

Apfel-Kirsch-Auflauf

500 g Äpfel
2 EL Zucker
1 EL Zitronensaft
etwas Wasser
250 g Schwarzbrotbrösel
125 g Zucker
100 g geriebene Mandeln
½ TL Zimt
etwas abgeriebene Zitronenschale
100 g zerlassene Butter
1 Ei
⅛ l Milch
2 EL Rum
200 g entkernte Sauerkirschen
ca. 10 kandierte Kirschen, in Stückchen geschnitten
80 g Mandelblättchen
Butterflöckchen

Äpfel schälen, achteln, vom Kernhaus befreien und in etwas Wasser mit Zitronensaft und 2 EL Zucker bissfest dünsten.
Schwarzbrotbrösel, Zucker, Mandeln, Zimt und Zitronenschale mischen und finger-
dick in eine gebutterte Auflaufform füllen. Abgetropfte Apfelspalten und Sauerkirschen darauf verteilen. Die restliche Bröselmasse darüber streuen. Butter mit der
lauwarmen Milch, dem Ei und Rum nach Geschmack verrühren und über den Auflauf gießen. Kandierte Kirschen, Mandelblättchen und Butterflöckchen darauf verteilen. Auflauf bei 175 Grad etwa 25 Minuten backen.

SCHWESTER RAPHAELA, ZISTERZIENSERINNEN-ABTEI ST. JOSEF, 94136 THYRNAU

Aprikosenauflauf

600 g frische, entsteinte Aprikosen
oder 1 große Dose Aprikosen
4 Eiweiß
1 TL Zitronensaft
50 g Zucker
4 Eigelb
1 P. Vanillezucker
50 g Zucker
80 g Butter

1 Prise Salz
500 g Magerquark
1 P. Vanillepuddingpulver
4 EL Grieß
1 TL Backpulver
50 g Rosinen
20 g Butterflöckchen

Frische oder abgetropfte Aprikosen auf den Boden einer gefetteten Auflaufform legen. Eiweiß steif schlagen, Zucker und Zitronensaft zugeben und weiterschlagen, bis der Eischnee fest und glänzend ist.
Eigelb mit Vanillezucker, Zucker, Butter und Salz schaumig rühren, dann Quark, Grieß, Puddingpulver, Backpulver und Rosinen zugeben. Eischnee unterheben, Masse auf die Aprikosen geben und mit Butterflöckchen belegen. Auflauf bei 170 Grad etwa 40 Minuten backen.

Annemie Bernhardt, Hochstrasse 23, 94152 Vornbach/Inn

Grießknödel-Auflauf mit Marzipanguss

⅜ l Milch
1 Prise Salz
2 EL Butter
150 g Grieß
3 Eier
50 g Zucker
1 Prise Zimt
2 Semmeln vom Vortag
50 g gemahlene Mandeln

Guss:
150 g Marzipan-Rohmasse
3 Eigelb
1 P. Vanillezucker
1 Prise Zimt
100 g Schlagsahne
Butter für die Form
2 EL Mandelblättchen
Butterflöckchen
Puderzucker zum Bestäuben

Milch, Salz und 1 EL Butter aufkochen, Grieß einstreuen, Hitze etwas reduzieren und so lange rühren, bis sich die Masse als Kloß vom Topfboden löst. Topf von der Kochstelle nehmen und ein verquirltes Ei unterrühren. Masse etwas abkühlen lassen.
Semmeln fein würfeln, in 1 EL Butter hell rösten und nach dem Abkühlen mit 2 Eiern, Zucker, Zimt und den gemahlenen Mandeln unter den Grieß rühren. Teig zu 8–10 Knödeln formen und in kochendem Wasser etwa 15 Minuten gar ziehen lassen. Knödel dann abtropfen und abkühlen lassen.
Für den Guss Marzipanrohmasse reiben oder zerbröseln und mit Eigelb, Vanillezucker, Zimt und Sahne verrühren. Knödel in ca. 1 cm dicke Scheiben schneiden und ziegelförmig in eine Auflaufform schichten. Marzipanguss darauf verteilen, Mandelblättchen darüber streuen und Butterflöckchen darauf setzen. Im vorgeheizten Backofen bei 175 Grad etwa 30 Minuten backen. Vor dem Servieren nach Belieben mit Puderzucker bestäuben. Dazu schmeckt Pflaumenkompott.

MONIKA GABRIEL, MOOSHAM 19, 94496 ORTENBURG

Heidelbeerauflauf

2 - 3 Eier
60 g Butter
150 g Honig
abgeriebene Schale ½ Zitrone
1 TL Vanillezucker
100 g Buchweizenmehl
100 g Weizenvollkornmehl
2 TL Backpulver
200 g Kefir
500 g Heidelbeeren
Butter für die Form

Eier trennen, Eiweiß steif schlagen. Butter mit Honig, Eigelb, Zitronenschale und Vanillezucker schaumig rühren. Buchweizenmehl mit Weizenvollkornmehl und Backpulver mischen und abwechselnd mit Kefir nach und nach unterrühren. Teig etwa 15 Minuten quellen lassen.
Heidelbeeren waschen, verlesen und abtropfen lassen. Auflaufform reichlich mit Butter fetten. Eischnee nun unter den Teig ziehen, die Hälfte der Heidelbeeren ebenfalls vorsichtig unterheben. Teig in die gefettete Form füllen, den Rest der Heidelbeeren darauf verteilen. Auflauf im vorgeheizten Backofen bei 175 Grad etwa 35 Minuten backen.

REGINA SCHANZER, HOLZBACH 4, 94081 FÜRSTENZELL

Hirseauflauf mit heißer Apfelsoße

200 g Hirse
60 g Butter
1 l Milch
½ TL Salz
4 Eier, getrennt
Saft und abgeriebene Schale
einer unbehandelten Zitrone
50 g Zucker
1 P. Vanillezucker
Puderzucker zum Besieben

Apfelsoße:
¼ l Weißwein
¼ l Wasser
150 g Honig
½ Zimtstange
2 Nelken
Schale einer unbehandelten Orange
6 mittelgroße Äpfel
1 EL Speisestärke
etwas Zitronensaft nach Belieben

Hirse waschen und abtropfen lassen. In einem Topf 20 g Butter erhitzen, Hirse darin anrösten, mit Milch aufgießen, Salz zugeben und unter Rühren aufkochen lassen. Auf kleiner Flamme fertig garen, dann abkühlen lassen. Die restlichen 40 g Butter mit Eigelb, Zucker, Zitronensaft und -schale schaumig rühren und in die Hirse rühren. Eiweiß mit Vanillezucker steif schlagen und nach und nach unter die Hirsemasse heben. In eine gut gebutterte Auflaufform füllen und bei 175 Grad etwa 35 Minuten backen.
Für die Soße Wein mit Wasser, Gewürzen und Orangenschale erhitzen und aufkochen lassen. Gewürze herausnehmen, Sud mit Honig süßen. Äpfel schälen, vom Kernhaus befreien, würfeln und in der Flüssigkeit weich kochen. Speisestärke mit 2 EL kaltem Wasser anrühren und die Apfelsoße damit binden. Nach Belieben mit etwas Zitronensaft abschmecken.
Hirseauflauf mit Puderzucker besieben und mit der heißen Apfelsoße servieren.

ANITA HUNDSRUCKER, MAINBERG 8, 94439 ROSSBACH

Kirschauflauf

500 g entsteinte Sauerkirschen
4 EL Rum
4 Eier, getrennt
120 g Zucker
1 P. Vanillezucker
1 Prise Salz
4 EL heißes Wasser
80 g Speisestärke
40 g Mehl
2 TL Backpulver
Puderzucker zum Bestäuben

Entsteinte Sauerkirschen mit Rum beträufeln und ca. 10 Minuten ziehen lassen. Eier trennen, Eiweiß mit Salz und etwas Zucker zu steifem Schnee schlagen. Eigelb mit dem restlichen Zucker, Vanillezucker und dem heißen Wasser zu einer sehr cremigen Masse rühren.
Eischnee auf die Eigelb-Masse geben, Mehl mit Speisestärke und Backpulver mischen und darauf sieben. Alles vorsichtig unterziehen.
Getränkte Sauerkirschen in eine gut gebutterte Auflaufform geben. Biskuitmasse darauf verteilen und den Auflauf bei 175 Grad im vorgeheizten Backrohr etwa 35 Minuten backen.
Vor dem Servieren nach Belieben mit Puderzucker bestäuben.

JUTTA BRADL, RINGSTRASSE 25, 94474 VILHOFEN

Mandelauflauf

100 g Mandeln
50 g Butter
4 Eier, getrennt
1 Prise Salz
100 g Zucker
1 P. Vanillezucker
3 EL Rum
etwas abgeriebene Zitronenschale
ca. 100 g (Dinkel-)Zwiebackbrösel
Puderzucker zum Bestäuben

Mandeln auf einem Backblech in der heißen Röhre bei 200 Grad kurz rösten, dann die Schale zwischen einem Tuch abreiben und die Mandeln mahlen.
Butter schmelzen und abkühlen lassen. Eier trennen, Eiweiß mit Salz und etwas Zucker zu steifem Schnee schlagen. Eigelb mit Butter, dem restlichen Zucker und Vanillezucker zu einer cremigen Schaummasse rühren. Rum und abgeriebene Zitronenschale dazugeben.
Eischnee auf die Eigelbmasse geben, gemahlene Mandeln und (Dinkel-)Zwieback-brösel darauf geben und alles vorsichtig unterziehen. Masse sofort in eine gut gebutterte Auflaufform füllen und im vorgeheizten Backrohr bei 175 Grad etwa 30 - 35 Minuten backen. Nach Ende der Backzeit sofort servieren und nach Belieben mit Puderzucker bestäuben.
Die Einsenderin reicht dazu heiße Himbeersoße.

GABY REISLHUBER, WIRTSFELDRING 32, 94081 FÜRSTENZELL

Quark-Reis-Auflauf mit Pfirsichen

1 l Milch
1 Prise Salz
250 g Milchreis
100 g Zucker
4 Eier
abgeriebene Schale einer unbehandelten Zitrone
250 g Quark
1 große Dose Pfirsiche
Butter und Semmelbrösel für die Form
Butterflöckchen

Milch mit Salz aufkochen, Reis darin bei schwacher Hitze etwa 25 Min. quellen, dann abkühlen lassen.

Eier trennen, Eigelb mit der Hälfte des Zuckers schaumig schlagen, Zitronenschale unterrühren. Quark esslöffelweise dazugeben und gut vermengen. Abgekühlten Milchreis nach und nach unter die Quarkmasse rühren. Eiweiß mit dem Rest des Zuckers zu steifem Schnee schlagen. Eischnee vorsichtig unter die Quark-Reis-Masse ziehen.

Pfirsiche abtropfen lassen, die Hälfte klein schneiden und unter die Auflaufmasse heben. Eine feuerfeste Form mit Butter ausstreichen und mit Semmelbröseln bestreuen. Auflauf einfüllen und mit den restlichen, in Spalten geschnittenen Pfirsichen belegen. Butterflöckchen darauf verteilen und den Auflauf bei 175 Grad etwa 30 Minuten backen.

EVI BARTH, PFARRWEG 11, 94121 STRASSKIRCHEN

Quark-Soufflé

40 g weiche Butter
100 g Zucker
1 P. Vanillezucker
5 Eier, getrennt
250 g Quark
125 g saure Sahne
30 g Mehl
30 g Sultaninen

Butter und Zucker für die Form
Puderzucker zum Besieben

Ofen auf 180 Grad vorheizen, Auflaufform (ca. 18 cm Durchmesser) mit Butter bestreichen und mit Zucker ausstreuen. Quark in einem Sieb abtropfen lassen. Weiche Butter mit 50 g Zucker, Vanillezucker und Eigelb schaumig rühren. Quark, saure Sahne, gesiebtes Mehl und Sultaninen unterrühren.
Eiweiß steif schlagen, restlichen Zucker einrieseln lassen und weiter schlagen bis der Eischnee schnittfest ist. Eischnee vorsichtig unter die Quarkmasse ziehen, in die gebutterte Auflaufform füllen und sofort in das heiße Backrohr stellen. Bei 180 Grad etwa 30 Minuten goldgelb backen. Mit Puderzucker besieben und sofort servieren.
Der Einsender empfiehlt dazu Aprikosen-, Himbeer- oder Schokoladensoße.

WERNER GRAF, SIMBACHER STRASSE 40, 94060 POCKING

Scheiterhaufen mit Kürbiskompott

3 Eier
40 g weiche Butter
1 Prise Salz
300 ml Milch
100 g Mehl
1 TL Backpulver
100 g Zucker
2 Semmeln vom Vortag
400 g Äpfel
2 EL Zitronensaft
1 EL Rum
50 g Rosinen
Zimt-Zucker (1 TL Zimt mit
25 g Zucker gemischt)

Kürbiskompott:
500 g Kürbis
100 ml Weißwein
300 ml Apfelsaft
50 g Honig
4 Gewürznelken
1 Zimtstange
25 g Zucker
50 ml Obstessig
1 P. Vanille-Soßenpulver

Eier trennen, Eigelb mit Butter, Salz und 250 ml Milch verrühren. Mehl mit Backpulver vermischt zugeben und unterrühren. Eiweiß steif schlagen, dabei Zucker einrieseln lassen. Eischnee unter die Eiermilch ziehen. Ein Drittel des Teiges in eine gebutterte Auflaufform gießen und bei 175 Grad 12 Minuten backen. Semmeln in Scheiben schneiden, Äpfel schälen, vom Kernhaus befreien und würfeln. Apfelwürfel mit Zitronensaft, Rum und Rosinen vermischen. Auflauf aus dem Ofen nehmen, die Hälfte der Apfelwürfel und der Semmelscheibchen darauf verteilen. Etwas Milch darüber träufeln. Die Hälfte des restlichen Eierteiges darauf gießen, dann die restlichen Apfelwürfel und Semmelscheibchen darauf verteilen. Auflauf mit dem restlichen Eierteig begießen und mit Zimt-Zucker bestreuen. Weitere 20 - 30 Minuten backen.
Für das Kompott Kürbis würfeln, in einem Sud aus Wein, Honig, Saft, Gewürzen und Zucker etwa 5 Minuten bissfest garen. Nelken und Zimtstange entfernen, mit Obstessig abschmecken. Soßenpulver mit 4 EL kaltem Wasser anrühren, in das Kompott geben und unter vorsichtigem Rühren aufkochen lassen.

Maria Innetsberger, Buchbinderstrasse 1, 94139 Breitenberg

Topfenauflauf

125 g Butter
100 g Zucker
1 P. Vanillezucker
1 Prise Salz
4 Eier, getrennt
200 g Topfen
etwas abgeriebene Zitronenschale
oder 2 EL Rum
125 g gemahlene oder fein gehackte Mandeln

Butter schmelzen und abkühlen lassen. Eier trennen, Eiweiß mit Salz und etwas Zucker zu steifem Schnee schlagen. Abgekühlte Butter mit dem restlichen Zucker, Vanillezucker und Eigelb zu einer cremigen Schaummasse rühren. Topfen und abgeriebene Zitronenschale oder Rum untermengen. Eischnee auf die Eigelb-Topfen-Masse geben, Mandeln darauf verteilen und alles vorsichtig unterziehen. Masse in eine gut gebutterte Auflaufform füllen und im vorgeheizten Rohr bei 175 Grad etwa 35 - 40 Minuten backen.

GELI DANNER, RINGSTRASSE 4, 94469 DEGGENDORF

Versunkene Kirschen

½ l Milch
1 Prise Salz
etwas Vanillemark oder 1 P. Vanillezucker
100 g Grieß
100 g Zucker
50 g Butter
3 Eier, getrennt
300 g entkernte Kirschen oder Sauerkirschen
nach Belieben 1 - 2 cl Kirschwasser zum Flambieren

Milch mit Salz und Vanillemark oder Vanillezucker aufkochen, Grieß einstreuen und unter Rühren ausquellen lassen. Eigelb mit Butter und 50 g Zucker schaumig rühren und unter den Grießbrei mischen. Eiweiß steif schlagen, den restlichen Zucker einrieseln lassen und weiterschlagen, bis der Eischnee schnittfest ist. Zwei Drittel des Eischnees unter die Grießmasse heben, diese in eine gefettete, mit Semmelbröseln ausgestreute Form füllen und glattstreichen. Die Kirschen oder Sauerkirschen darauf verteilen. Restlichen Eischnee darüber streichen.

Auflauf auf der untersten Schiene des vorgeheizten Backofens zunächst 15 Min. bei 190 Grad, dann weitere 15 Minuten bei 175 Grad backen. Auflauf vor dem Servieren nach Belieben mit dem erwärmten Kirschwasser flambieren.

Evi Eichberger, Im Gries 1, 84524 Neuötting

Weißbrot-Auflauf

8 Weiß- oder Toastbrotscheiben
2 EL Butter
4 Eier
½ l Sahne
150 g Greyerzer oder Emmentaler Käse
½ TL Salz
frisch gemahlener Pfeffer nach Geschmack
1 Prise Muskatnuss

Weißbrotscheiben in heißer Butter von beiden Seiten goldgelb rösten, dann in eine flache Auflaufform legen. Eier trennen, Eiweiß zu steifem Schnee schlagen. Eigelb, Sahne, geriebenen Käse, Salz, Muskat und Pfeffer verquirlen, Eischnee unterziehen.
Weißbrotscheiben mit der Käsecreme übergießen, sofort im vorgeheizten Ofen bei 175 Grad etwa 20 Minuten backen. Heiß servieren, damit der Käse nicht fest wird.

Schwester Elisabeth, Zisterzienserinnen-Abtei St. Josef, 94136 Thyrnau

Zwetschgenschober

750 g Zwetschgen
80 g Butter
80 g Zucker
3 Eier, getrennt
abgeriebene Schale einer halben Zitrone
200 g Weichweizengrieß
¼ l saure Sahne
¼ l Milch
Zucker und Zimt
etwas Paniermehl

Die gewaschenen, entsteinten, halbierten Zwetschgen in eine gefettete, mit etwas Paniermehl ausgestreute Auflaufform legen. Butter, Zucker, Eigelb und Zitronenschale schaumig rühren, dann Grieß, saure Sahne und Milch dazugeben.
Zuletzt den steif geschlagenen Eischnee unterziehen und die Masse über die Zwetschgen gießen.
Den Zwetschgenschober bei mäßiger Hitze etwa 40 Minuten backen.
Mit Zucker und Zimt bestreut servieren.

Gabi Katzbichler, Kachletstrasse 6 b, 94034 Passau

Knödel, Nockerl

Marillenknödel s. S. 45

Apfelknödel

500 g Kartoffeln, gekocht
und gerieben
80 g weiche Butter
1 Ei
2 EL Zucker
1 Prise Salz
15 g Hefe
etwa 150 g Mehl (nach Bedarf)
100 g geschmolzene Butter
für die Form

Guss:
100 g Butter
1 Becher Sahne
2 Eier
60 g Zucker
1 Prise Salz

Füllung:
5 Äpfel, geschält und geviertelt
etwas Zitronensaft zum Beträufeln
Zucker und Zimt zum Bestreuen

Die gekochten, geriebenen Kartoffeln mit Butter, Ei, Zucker, Salz, der zerbröckelten Hefe und Mehl nach Bedarf rasch zu einem glatten Kartoffelteig verarbeiten und zu einer Rolle formen.
Apfelviertel mit Zitronensaft beträufeln und mit Zucker und Zimt bestreuen. Kartoffelteig in 20 Stücke teilen und die Apfelviertel jeweils mit einem Teigstück umhüllen. Apfelknödel in die Form setzen und kurz in der zerlassenen Butter wenden. Zugedeckt leicht gehen lassen, dann im Backrohr bei ca. 180 Grad etwa 30 Minuten backen.
Für den Guss Butter mit Zucker, Salz, Eiern und Sahne verrühren. Kurz vor Ende der Backzeit Sahneguss über die Knödel geben und stocken lassen.
Wurde früher gestöckelte Milch dazu serviert, so empfiehlt die Einsenderin heute Dickmilch oder auch Vollmilch.

CHRISTA KRÖLL, UNTERE DORFSTRASSE 10, 94533 NINDORF/BUCHHOFEN

Aprikosenknödel mit Kartoffelteig

500 g gekochte, geschälte Pellkartoffeln
ca. 200 g Mehl
1 - 2 Eier
1 Prise Salz
30 g geschmolzene Butter
750 g entsteinte Aprikosen

100 g Butter zum Rösten
60 g Semmelbrösel
1 EL Puderzucker
Puderzucker zum Bestäuben

Die gekochten geschälten Kartoffeln heiß durchpressen, dann abkühlen lassen.
Mit Mehl, Eiern, Salz und der geschmolzenen, abgekühlten Butter zu einem glatten
Teig verkneten.
Teig zu 2 - 3 Rollen formen, davon so große Stücke abschneiden, dass sich eine
Aprikose einhüllen lässt. Knödel formen, in kochendes Salzwasser legen und ca. 10
Minuten leicht kochen lassen.
Butter, Semmelbrösel und Puderzucker goldgelb rösten, die abgetropften Apriko-
senknödel darin schwenken, damit sie von Semmelbröseln eingehüllt werden.
Vor dem Servieren nach Belieben mit Puderzucker bestäuben.

MARIA ZENS, STRAUBINGER STRASSE 16, 94360 MITTERFELS

Dinkel-Quark-Knödel

375 g Magerquark
2 Eier
1 Prise Salz
80 g Zucker
1 P. Vanillezucker
250 g Dinkelvollmehl
Zimt-Zucker zum Bestreuen

Eier mit Salz, Zucker und Vanillezucker schaumig rühren.
Quark und Dinkelvollmehl nach Bedarf dazugeben und zu einem glatten,
festen Teig verkneten.
Mit einem Esslöffel kleine Knödel formen und 10 - 12 Minuten in siedendem
Wasser garen. Knödel abtropfen lassen, mit Zimt-Zucker bestreuen und zu
Kompott servieren.

GABY REISLHUBER, WIRTSFELDRING 32, 94081 FÜRSTENZELL

Gebackene Zwetschgenknödel

1 kg Kartoffeln
ca. 300 g Mehl
50 g geschmolzene Butter
2 Eier
1 Prise Salz
500 g Zwetschgen
Würfelzucker zum Füllen

zum Begießen:
⅛ l Sahne
1 P. Vanillezucker
Butter für die Form

Kartoffeln kochen, schälen und heiß durch die Presse drücken. Mit Eiern, Butter, Salz und Mehl nach Bedarf zu einem glatten Teig verarbeiten.
Zwetschgen entsteinen, jeweils mit 1 Stück Würfelzucker füllen und mit Teig umhüllen. Zu Knödeln formen und nebeneinander in eine sehr gut gefettete Bratreine setzen. Die Zwischenräume mit Zwetschgen ausfüllen.
Im vorgeheizten Rohr bei 180 Grad etwa 25 Minuten backen, dann mit der gesüßten Sahne begießen und weitere 10 Minuten backen.

ANGELA BLÖCHL, KREUZBERG 9, 94078 FREYUNG

Germknödel

150 ml lauwarme Milch
375 g Mehl
15 g frische Hefe
4 EL Zucker
40 g Butter
1 Ei
1 Prise Salz
abgeriebene Schale einer unbehandelten Zitrone
6 - 8 TL Pflaumenmus
80 g geschmolzene Butter
etwas gemahlener Mohn

Mehl in eine Schüssel sieben, in die Mitte eine Vertiefung eindrücken. Hefe hinein-bröseln, 1 EL Zucker und die Hälfte der lauwarmen Milch zufügen und mit etwas Mehl verrühren. Vorteig zugedeckt an einem warmen Ort 10 - 15 Minuten gehen lassen.
Butter schmelzen und abkühlen lassen, mit der restlichen Milch, Ei, Salz, 1 EL Zucker und Zitronenschale zum Vorteig geben. Alle Zutaten gut verkneten, dann weitere 30 Minuten warm gehen lassen. Teig nochmals durchkneten, zu einer Rolle formen, in 6 - 8 gleich große Stücke teilen, diese etwas flachdrücken und jeweils 1 TL Pflaumenmus in die Mitte geben. Zu Knödeln formen und auf einem bemehlten Brett nochmals 15 - 20 Minuten gehen lassen. Knödel in einen Locheinsatz setzen und im Dampf zugedeckt etwa 20 Minuten garen. Knödel nach Ende der Garzeit sofort mehrmals einstechen und geschmolzene Butter darüber gießen. Mit Mohn und dem restlichen Zucker bestreuen.

DANIELA WALDHERR, UNTERE BRANDSTATT 1, BROMBACH, 84364 BAD BIRNBACH

Grießknödel

½ l Milch
100 g Weizengrieß
1 Prise Salz
1 trockene Semmel
1 EL Butter
1 Ei
1 EL Zucker
1 P. Vanillezucker
geröstete Semmelbrösel und
Zimt-Zucker zum Bestreuen

Milch mit Salz zum Kochen bringen, Grieß unter Rühren einrieseln lassen und zu einem dicken Brei kochen, bis sich der Grieß vom Topf löst.
Semmel in sehr kleine Würfel schneiden, in etwas Butter anrösten und das ver-quirlte Ei darübergeben. Semmelwürfel unter die Grießmasse rühren, Zucker und Vanillezucker unterrühren. Kleine Knödel aus der Masse formen, in kochendes Salzwasser legen und 10 Minuten leicht köcheln lassen. Knödel vorsichtig heraus-nehmen, abtropfen lassen und mit gerösteten Semmelbröseln und Zimt-Zucker bestreut servieren.

Heidelbeernocken

3 Eier, getrennt
50 g Zucker
1 P. Vanillezucker
150 g Mehl
1 Prise Salz
ca. ¼ l Milch
500 g Heidelbeeren
Butterschmalz zum Backen
Puderzucker zum Bestreuen

Eigelb mit Zucker schaumig rühren, Mehl, Salz und so viel Milch dazugeben, dass ein dickflüssiger Teig entsteht. Teig etwas ruhen lassen. Eiweiß mit Vanillezucker zu steifem Schnee schlagen. Verlesene Heidelbeeren unter den Teig heben, Eischnee vorsichtig unterziehen.
Butterschmalz in einer Pfanne erhitzen, Teig löffelweise hineingeben und die Nocken von beiden Seiten goldgelb backen. Vor dem Servieren mit Puderzucker bestreuen.

ANNEMARIE AUGUSTIN, UNTERHÜTTENSÖLDEN 51, 94481 GRAFENAU

Kirschknödel

750 g dunkle, nicht zu weiche Kirschen
375 g Mehl
1 Prise Salz
60 g weiche Butter
1 kleines Ei
ca. ¼ l heiße Milch

zum Wälzen:
60 g Butter
80 g Semmelbrösel
Zimt-Zucker aus 3 EL Zucker und 1 TL Zimt

Kirschen waschen, trocknen und entkernen.
Mehl in eine Schüssel geben, Salz, Butter, Ei und heiße Milch dazugeben und zu
einem sehr glatten Teig rühren. Teig abkühlen lassen, dann mit einem Esslöffel
kleine Teile abnehmen und jeweils 1 - 3 Kirschen (je nach Größe) darin einhüllen.
Knödel formen und in siedendem Salzwasser ca. 8 Minuten kochen.
Butter und Semmelbrösel rösten, die abgetropften Kirschknödel darin wälzen.
Vor dem Servieren nach Belieben mit Zimt-Zucker bestreuen.

MARIA ZENS, STRAUBINGER STRASSE 16, 94360 MITTERFELS

Marillenknödel

300 g Topfen (10% Fett)
200 g Mehl
50 g weiche Butter
1 Eidotter
1 Prise Salz
ca. 8 schöne Marillen (Aprikosen)
ca. 8 Stück Würfelzucker
65 g Butter
80 g Semmelbrösel

zum Bestreuen:
Mark einer Vanilleschote und 1 EL Zucker oder 1 P. Vanillezucker,
gemischt mit 4 EL Puderzucker

Topfen mit Mehl, zimmerwarmer Butter, Eidotter und Salz zügig zu einem glatten
Teig verkneten. Im Kühlschrank etwa 30 Minuten rasten lassen.
Gewaschene, entkernte Marillen mit je 1 Stück Würfelzucker füllen. Teig zu einer
Rolle formen und in etwa 8 Stücke teilen. Jede Marille mit einem Teigstück umhül-
len, diese zu kleinen Knödeln formen und in schwach gesalzenem kochendem
Wasser etwa 8–10 Minuten garen. Marillenknödel mit dem Schaumlöffel vorsich-
tig herausheben und abtropfen lassen.
Semmelbrösel in Butter hell rösten, Marillenknödel darin wälzen und mit der
Vanille-Puderzucker-Mischung bestreuen.

GUDRUN KONRADL-HUBER, STRASSFELDWEG 4, 94148 KIRCHHAM

Quark-Grieß-Knödel

¼ l Milch
50 g Butter
1 Prise Salz
150 g Grieß
2 - 3 EL Zucker
4 Eier
250 g Magerquark

Für die Form:
¼ l Milch
100 g Butter
100 g Zucker

Milch, Butter und Salz zum Kochen bringen, Grieß einstreuen und so lange unter Rühren bei schwacher Hitze quellen lassen, bis sich die Masse vom Topfboden löst. Grießbrei zum Erkalten in eine Schüssel füllen, Zucker und 1 Ei unterrühren. Nach dem Abkühlen Quark und die übrigen Eier untermengen.
Milch, Butter und Zucker verrühren, erhitzen und in eine feuerfeste Form geben. Aus der Quarkmasse mit zwei Esslöffeln kleine Knödel formen und nebeneinander in die Auflaufform setzen. Im vorgeheizten Backofen bei 190 Grad etwa 30 Minuten backen. Vor dem Servieren nach Belieben mit Puderzucker besieben.

MATHILDE LEHERMANN, KOHLSTATT 4, 94099 RUHSTORF/ROTT

Quarkknödel auf Zwetschgenbett

500 g Magerquark
30 g weiche Butter
30 g Zucker
2 Eier
1 P. Vanillezucker
etwas Zitronenaroma oder
geriebene Zitronenschale
150 g gewürfeltes Toastbrot
ohne Rinde
(Menge je nach Eigröße und
Feuchtigkeit des Quarks)
500 g entsteinte, halbierte oder
geviertelte Zwetschgen

3 EL Rum
etwas Zucker und Zimt
Semmelbrösel
etwas Butter

Creme:
50 g Zucker
2 Eier
1 Eigelb
Mark einer Vanilleschote
15 g Vanillepuddingpulver
100 ml Weißwein

Butter mit Zucker und Eiern schaumig rühren, Zitronenaroma oder -schale und Vanillezucker zugeben, Quark und Toastbrotwürfel untermengen. Teig zugedeckt etwa 1 Stunde quellen lassen. Anschließend mit nassen Händen ca. 10 Knödel daraus formen und in kochendes Wasser legen. Bei mäßiger Hitze 10 - 15 Minuten gar ziehen lassen.
Während der Knödelteig ruht, entsteinte Zwetschgen mit Rum beträufeln, mit Zucker und Zimt bestreuen und etwas durchziehen lassen. Semmelbrösel zum Wälzen der Knödel in etwas Butter hell rösten.
Für die Creme Zucker, Eier und Eigelb mit Vanillemark, Puddingpulver und Weißwein verrühren und im Wasserbad oder im Kochtopf bei geringer Hitze zu einer dicklichen Creme aufschlagen.
Rum-Zwetschgen in eine gebutterte Auflaufform geben, die gut abgetropften Knödel in den gerösteten Semmelbröseln wälzen und auf die Zwetschgen setzen. Creme über die Quarkknödel gießen. Im vorgeheizten Backofen bei 190 Grad etwa 15 Minuten backen. Vor dem Servieren nach Belieben mit Puderzucker besieben oder Zimt-Zucker dazu reichen.

ASTRID GROSSWIESER, PASSAUER STRASSE 140, 84359 SIMBACH AM INN

Rosinen-Apfel-Knöderl

375 ml Milch
2 - 3 EL Zucker
1 Prise Salz
125 g Maisgrieß
50 g (Rum-)Rosinen
1 Ei
1 kleiner, säuerlicher Apfel

Milch mit Zucker und Salz zum Kochen bringen, Grieß unter Rühren einstreuen, etwa 10 Minuten unter öfterem Umrühren quellen lassen.
Rosinen dazugeben, Masse etwas abkühlen lassen, dann das Ei und den geschälten, fein geraspelten Apfel darunter mengen. Mit zwei Teelöffeln kleine Knöderl formen und in Salzwasser etwa 5 Minuten leicht kochen lassen.
Tipp der Einsenderin: Die Knöderl schmecken besonders als Einlage in Obstsuppen oder zu Kompott. Man kann sie auch in gerösteten Semmelbröseln und Zimt-Zucker wälzen.

SIEGLINDE LEITERMANN, GRAFENRIED 56, 94256 DRACHSELSRIED

Salzburger Nockerl

40 g weiche Butter
70 g Zucker
1 P. Vanillezucker
5 Eier, getrennt
30 g Mehl
40 g Butter für die Form
3 EL Preiselbeermarmelade
Puderzucker zum Besieben

Butter mit der Hälfte des Zuckers, Vanillezucker und Eigelb zu einer Schaummasse rühren. Eiweiß steif schlagen, restlichen Zucker einrieseln lassen und weiterschlagen, bis der Eischnee schnittfest ist. Eischnee auf die Schaummasse geben, Mehl darüber sieben und vorsichtig unterziehen.
Zerlassene, abgekühlte Butter und Preiselbeermarmelade in eine feuerfeste Form geben. Teig in 4 - 6 Portionen als Nockerl einlegen und sofort im vorgeheizten Backofen bei 190 Grad 10 - 15 Min. backen. Nockerl sofort nach Ende der Backzeit mit Puderzucker besiebt servieren.

Maria Altmannsdorfer, Waldstrasse 7, 84307 Eggenfelden

Topfenknödel

500 g Topfen
50 g Butter
2 Eier
1 Prise Salz
150 g Grieß
½ TL Backpulver
1 - 2 EL Zucker

80 g Butter zum Rösten
ca. 120 g Semmelbrösel zum Wälzen
4 EL Zucker
1 TL Zimt

Weiche Butter schaumig rühren, Eier, Salz, Grieß, Backpulver, Zucker und Topfen untermengen. Teig 1 Stunde ruhen lassen, dann mit einem Esslöffel kleine Knödel abstechen, rund formen und in kochenes Salzwasser legen. Knödel 10 - 15 Minuten kochen, dann mit dem Schaumlöffel herausnehmen und abtropfen lassen. Semmelbrösel in der Butter hellbraun rösten, dann die abgetropften Topfenknödel darin wälzen. Mit Zimt-Zucker bestreut servieren.

GUDRUN KONRADL-HUBER, STRASSFELDWEG 4, 94148 KIRCHHAM

Topfennockerl

500 g Topfen (Quark)
1 Prise Salz
4 EL Zucker
4 Eier, getrennt
125 g Mehl

Für die Form:
4 EL geschmolzene Butter
2 EL Zucker
1 P. Vanillezucker
ca. ¼ l lauwarme Milch

Eiweiß zu steifem Schnee schlagen. Topfen, Salz, Zucker und Eidotter verrühren, Mehl untermengen. Eischnee locker unterheben.
Geschmolzene Butter mit Zucker, Vanillezucker und Milch verrühren und in die Auflaufform gießen. Mit einem großen Löffel Nockerl in die Auflaufform setzen.
Im vorgeheizten Backrohr bei 175 Grad etwa 30 Minuten backen.
Nach Belieben mit Puderzucker besieben und mit Kompott servieren oder mit Kirsch- oder Marillengeist flambieren.

GERTI KAMHUBER, KONVENTSTRASSE 75, 84503 ALTÖTTING

Zwetschgenknödel

500 g gekochte, durchgepresste Kartoffeln
ca. 150 g Mehl (nach Stärkegehalt der Kartoffeln)
¼ TL Salz
30 g geschmolzene Butter
1 Ei
500 g Zwetschgen
Würfelzucker zum Füllen

zum Wälzen:
80 g Butter
100 g Semmelbrösel
1 EL Puderzucker
Zimt-Zucker oder Puderzucker zum Bestreuen

Die heiß durchgepressten Kartoffeln abkühlen lassen, mit Salz, Butter, Ei und Mehl nach Bedarf zu einem glatten Teig verarbeiten. Auf der bemehlten Arbeitsfläche eine Rolle formen, dann so große Stücke abschneiden, dass sich eine Zwetschge gut damit umhüllen lässt. Entsteinte Zwetschgen mit je einem Stück Würfelzucker füllen und mit Teig umhüllen. Knödel formen und in Salzwasser etwa 10 Minuten leicht kochen lassen.
Butter, Semmelbrösel und Puderzucker in einer Pfanne goldgelb rösten, die abgetropften Knödel darin wälzen.
Mit Puderzucker oder Zimt-Zucker bestreut servieren.

Carola Schwirzinger, Josef-Froschauer-Strasse 19, 94447 Plattling

Kücherl, Krapfen

Hollerkiacherl s. S. 61

Apfelkücherl mit Vanillesoße

6 Äpfel
5 EL Rum
2 EL Zucker
200 g Mehl
1 Prise Salz
ca. ¼ l Milch
1 TL Öl
2 Eier, getrennt
Butterschmalz zum Backen
Mischung aus 100 g Zucker und 2 TL Zimt zum Bestreuen

Vanillesoße:
½ l Milch
2 Eier, getrennt
30 g Zucker
3 TL Stärkemehl
Mark einer Vanilleschote

Äpfel schälen, Kernhaus ausstechen, Äpfel in 1 cm dicke Scheiben schneiden. Rum mit Zucker vermischen und die Äpfel darin marinieren.
Für den Backteig Eiweiß steif schlagen, die restlichen Zutaten zu einem glatten Teig verrühren, dann den Eischnee unterziehen. Apfelringe in Backteig tauchen und in heißem Butterschmalz auf beiden Seiten goldgelb backen. Gebackene Apfelkücherl mit Zimt-Zucker bestreuen.
Für die Vanillesoße Eiweiß steif schlagen. 5 EL Milch mit Stärkemehl anrühren. Zucker und Eigelb schaumig rühren. Restliche Milch mit Vanillemark unter Rühren aufkochen, Schaummasse und angerührtes Stärkemehl dazugeben und die Masse nochmals aufpuffen lassen. Vanillesoße noch heiß unter den Eischnee schlagen und sofort zu den Apfelküchlein servieren.

REGINA THALHAMMER, BUCH 18, 84508 BURGKIRCHEN AN DER ALZ

Feine Grießschnitten

1 l Milch
1 Prise Salz
50 g Butter
1 P. Vanillezucker
50 g Zucker
250 g Grieß
3 Eier
100 g Rosinen
1 Ei zum Panieren
100 g Semmelbrösel
Butterschmalz zum Backen
Zimt-Zucker zum Bestreuen

Milch mit Salz, Butter, Vanillezucker und Zucker zum Kochen bringen. Grieß unter Rühren einrieseln lassen, aufkochen und ausquellen lassen.
Eier und Rosinen unter die etwas abgekühlte Masse rühren. Grießmasse etwa 1 cm dick auf ein nasses Brett oder in eine mit kaltem Wasser ausgespülte große flache Auflaufform streichen. Masse nach dem Erkalten in Schnitten schneiden, in verquirltem Ei und Semmelbröseln wenden und in heißem Butterschmalz auf beiden Seiten goldgelb backen. Mit Zimt-Zucker bestreut servieren.

ELLA REITBERGER, GARTENWEG 1, 94142 FÜRSTENECK

Gefüllte Kartoffel-Krapferl

250 g gekochte, geriebene Kartoffeln
ca. 150 g Mehl
1 TL Backpulver
1 Prise Salz
50 g zerlassene Butter
2 Eidotter
3 EL Quark
ca. 3 EL Sahne
Preiselbeermarmelade zum Füllen
Butterschmalz zum Backen
Puderzucker nach Belieben

Gekochte, geriebene Kartoffeln mit Salz, Mehl und Backpulver locker mischen, mit Butter, Eidotter, Quark und Sahne nach Bedarf zu einem glatten Teig verkneten. Die Hälfte des Teiges auf einer gut bemehlten Arbeitsfläche ausrollen. Mit einer Tasse Kreise markieren. In die Mitte der Scheiben jeweils 1 TL Preiselbeermarmelade setzen, mit der zweiten Teigplatte bedecken, gut andrücken und die Kreise ausstechen.
Krapferl in heißem Butterschmalz auf beiden Seiten goldgelb backen. Vor dem Servieren Fett auf Küchenkrepp etwas abtropfen lassen und die Krapferl mit Puderzucker bestäuben.

Maria Zens, Straubinger Strasse 16, 94360 Mitterfels

Grießküchlein

½ l Milch
140 g Weizengrieß
etwas abgeriebene Zitronenschale
1 P. Vanillezucker
3 EL Zucker
2 Eier, getrennt
½ TL Backpulver
Butterschmalz zum Backen
nach Belieben Zucker zum Bestreuen

Milch zum Kochen bringen, Grieß unter Rühren langsam einrieseln lassen und unter weiterem Rühren so lange kochen, bis sich der Grieß vom Topf löst. Grießmasse in einer Schüssel etwas abkühlen lassen.
Eiweiß zu steifem Schnee schlagen. Zitronenschale, Vanillezucker, Zucker und Eigelb unter die Grießmasse mengen, zuletzt Backpulver unterrühren und Eischnee vorsichtig unterheben.
Ovale flache Küchlein formen und in heißem Butterschmalz auf beiden Seiten goldgelb backen. Vor dem Servieren nach Belieben mit Zucker bestreuen.

Haferflocken-Kücherl

150 g Haferflocken
100 g Mehl
20 g Hefe
1 Prise Salz
ca. ⅜ l Milch
1 P. Vanillezucker
2 EL Zucker
2 Äpfel, grob geraspelt
2 EL Rosinen
Butterschmalz zum Backen
Zimt-Zucker zum Bestreuen

Hefe in etwas lauwarmer Milch und 1 EL Zucker anrühren. Haferflocken mit Mehl vermischt in eine Schüssel geben, in die Mitte eine Vertiefung eindrücken, die Hefe-Milch hineingeben und mit Mehl und Haferflocken verrühren. Salz, Vanillezucker, restlichen Zucker und Milch nach Bedarf dazugeben und alles zu einem glatten Teig verarbeiten.
Zugedeckt etwa 30 Minuten an einem warmen Ort gehen lassen. Apfelraspeln und Rosinen dazugeben und nochmals kräftig durcharbeiten.
Mit einem Esslöffel kleine Häufchen in eine Pfanne mit heißem Butterschmalz geben und die Kücherl auf beiden Seiten goldgelb backen.
Nach Belieben mit Zimt-Zucker bestreut servieren.

Hefe-Kartoffel-Krapferl

500 g Mehl
1 Würfel Hefe
2 Eier
½ TL Salz
3 EL Zucker
2 EL zerlassene Butter
ca. ¼ l Milch nach Bedarf
3 mittelgroße gekochte geriebene Kartoffeln
Butterschmalz zum Backen
Puderzucker zum Bestäuben

Lauwarme Milch mit der zerlassenen, abgekühlten Butter, Zucker, Salz und Mehl in die Schüssel eines elektrischen Rührgeräts (mit Knethaken) geben. Hefe fein darüber bröseln, Eier dazugeben und alle Zutaten zunächst auf niedriger, dann auf höchster Schaltstufe zu einem gleichmäßigen Teig rühren. Wenn er sich vom Schüsselrand löst, zugedeckt warm etwa 30 Minuten gehen lassen.
Dann die geriebenen Kartoffeln dazugeben und den Teig nochmals kräftig durcharbeiten.
Mit einem Esslöffel kleine Krapferl abstechen, auf einem bemehlten Brett nochmals gehen lassen, dann in heißem Butterschmalz schwimmend goldgelb backen.
Auf Küchenkrepp etwas abtropfen lassen und nach Belieben mit Puderzucker bestäuben.

RITA SENNINGER, HOLZHÄUSER, 84385 EGGLHAM

Hollerkiacherl

einige schöne Hollerdolden

Backteig:
100 g Mehl
1 Prise Salz
⅛ l Weißwein
2 Eier, getrennt
1 EL zerlassene Butter
Butterschmalz zum Backen
Zucker oder Puderzucker zum Bestreuen

Eiweiß zu steifem Schnee schlagen. Mehl mit Salz vermischen und mit Wein und Eigelb zu einem glatten Teig rühren. Die zerlassene Butter dazugeben, zuletzt den Eischnee unterziehen.
Verlesene, gereinigte Hollerdolden mit den Blüten in den nicht zu dickflüssigen Teig tauchen und in heißem Butterschmalz goldgelb backen. Nach Belieben mit Zucker oder Puderzucker bestreuen.
Tipp der Einsenderin: Dieser Backteig eignet sich auch zum Backen von Kürbisblüten oder Apfelscheiben.

Petra Eglhofer, Karl-Heinz-Barth-Strasse 14 b, 94161 Ruderting

Karthäuser Klöße

8 trockene Semmeln
½ l Milch
2 Eier
Kirschkonfitüre oder gekochte Kirschen zum Füllen
Butterschmalz zum Backen
Zimt-Zucker (4 EL Zucker und 1 TL Zimt)

Semmeln abreiben, vorsichtig halbieren und nicht ganz auseinander schneiden.
Semmelhälften etwas aushöhlen und mit Kirschkonfitüre (mit ganzen Kirschen)
oder mit gekochten Kirschen füllen. Semmelhälften wieder zusammenklappen
und in kalter Milch einweichen.
Eier mit etwas Milch verquirlen, die abgetropften Semmeln darin wenden in
heißem Butterschmalz goldgelb backen. Noch heiß mit Zimt-Zucker bestreuen
und warm servieren.

GABY REISLHUBER, WIRTSFELDRING 32, 94081 FÜRSTENZELL

Nuss-Povesen

4 trockene Semmeln
¼ l Milch
ca. 50 g Erdbeermarmelade
2 Eier
1 Prise Salz
120 g gemahlene Haselnüsse
Butterschmalz zum Backen
Zucker zum Bestreuen

Semmeln in 1 cm dicke Scheiben schneiden, kurz durch die Milch ziehen und jeweils 2 Scheiben mit Marmelade füllen und zusammenlegen.
Eier mit Salz verquirlen, Povesen darin wenden und mit den Nüssen panieren. In heißem Butterschmalz auf beiden Seiten goldgelb backen, etwas abtropfen lassen und vor dem Servieren nach Belieben mit Zucker bestreuen.
Die Povesen können statt mit Semmeln auch mit Weizen- oder Vollkorntoastbrot gemacht werden.

ANNI PESCHL, ROSENSTRASSE 11, 94155 OTTERSKIRCHEN

Powidl-Tascherl

500 g Kartoffeln
1 Prise Salz
ca. 150 g Mehl
1 Ei
200 g Powidl (Pflaumenmus)
1 EL Rum
1 Ei zum Bestreichen
50 g Butter
2 EL Semmelbrösel
Puderzucker oder Zimt-Zucker nach Belieben

Die in der Schale gekochten Kartoffeln schälen, heiß durch die Presse drücken und abkühlen lassen. Mit Salz, Mehl und Ei zu einem Teig verkneten. Auf der bemehlten Arbeitsfläche ca. 3 mm dick ausrollen. Aus der Teigplatte Quadrate mit 8 cm Seitenlänge schneiden, in die Mitte der Quadrate jeweils 1 TL mit Rum verrührtes Powidl geben.
Die Quadrate zu Dreiecken zusammenschlagen, die Ränder mit verquirltem Ei bestreichen und gut andrücken. Tascherl in reichlich siedendem Salzwasser 5 - 8 Min. kochen, dann mit einem Sieblöffel herausnehmen und abtropfen lassen. Semmelbrösel in Butter rösten und über die in einer vorgewärmten Schüssel angerichteten Powidl-Tascherl geben. Nach Belieben mit Puderzucker oder mit Zimt-Zucker bestreut servieren.

Martha Blank, Unterau, Burgerstrasse 29, 84543 Winhöring

Quark-Kartoffel-Kücherl

40 g Butter
2 Eier
500 g gekochte, durchgepresste oder geriebene Kartoffeln
250 g Quark
ca. 100 g Mehl
½ TL Salz
1 MSp Muskat
feingehackte Kräuter nach Belieben
Butterschmalz zum Backen

Butter mit Eiern schaumig rühren, die durchgepressten oder geriebenen Kartoffeln, Quark und Mehl nach Bedarf nach und nach dazugeben. Mit Salz, Muskat und Kräutern würzen.
Kleine flache Kücherl aus dem Teig formen und in heißem Butterschmalz auf beiden Seiten goldgelb backen.

Quarkpuffer

50 g Butter
50 g Zucker
2 Eier
etwas abgeriebene Zitronenschale
1 Prise Salz
500 g Quark
ca. 250 g Mehl
1 P. Backpulver
125 g Weinbeeren
Butterschmalz zum Backen
Puderzucker oder Zimt-Zucker zum Bestreuen

Butter mit Zucker und Eiern schaumig rühren, Zitronenschale und Salz zufügen.
Quark untermengen, das mit Backpulver vermischte Mehl nach und nach dazugeben, zuletzt die gewaschenen Weinbeeren unterheben.
Mit einem Esslöffel kleine Puffer in eine Pfanne mit heißem Butterschmalz setzen
und von beiden Seiten goldgelb backen. Auf Küchenkrepp etwas abtropfen lassen
und nach Belieben mit Puderzucker oder Zimt-Zucker bestreut servieren.

Reiberdatschi (Kartoffelpuffer)

1 kg Kartoffeln
1 - 2 EL Sauerrahm
1 TL Salz
1 kleine Zwiebel, fein gehackt
1 - 2 Eier
ca. 50 g Mehl oder Semmelbrösel
Butterschmalz zum Backen

Kartoffeln schälen, reiben, falls nötig kurz in einem Sieb abtropfen lassen. Sofort Sauerrahm darauf verteilen, damit sich die Kartoffeln nicht verfärben. Geriebene Kartoffeln dann mit allen übrigen Zutaten vermengen.
Butterschmalz in einer Pfanne erhitzen, Masse esslöffelweise hineingeben und auf beiden Seiten knusprig braun backen.

Irene Wojaczek, Turmairstrasse 8, 84323 Massing

Rhabarberkücherl

ca. 500 g Rhabarber
250 g Mehl
ca. ¼ l Milch
3 Eier, getrennt
50 g Zucker
1 EL Rum
1 Prise Salz
Butterschmalz zum Backen
4 EL Zucker
½ TL Zimt

Rhabarber schälen und in kleine Würfel schneiden. Eiweiß zu steifem Schnee schlagen. Mehl mit Milch und Eigelb verrühren, Zucker, Rum und Salz dazugeben, Eischnee unterziehen. Rhabarberwürfel in den Backteig geben.
Von der Masse mit einem großen Vorlegelöffel Küchlein in eine Pfanne mit reichlich heißem Butterschmalz geben. Auf beiden Seiten goldgelb backen, dann abtropfen lassen und mit Zimt-Zucker (4 EL Zucker mit ½ TL Zimt gemischt) bestreuen.

Versoffene Jungfern

6 Semmeln vom Vortag
2 Eigelb
50 g Zucker
1 Prise Salz
etwas Vanillemark
etwas geriebene Zitronenschale
ca. ½ l Milch
2 Eiweiß
Semmelbrösel zum Panieren
Butterschmalz zum Backen

½ l nicht zu trockener Rotwein
1 Stange Zimt
2 Nelken
Zucker nach Geschmack

Semmeln abreiben und halbieren. Eigelb mit Zucker, Salz, Vanillemark, Zitronen-schale und Milch verrühren, über die Semmelhälften gießen und durchziehen las-sen. Eiweiß mit 2 EL Wasser verquirlen, Semmeln darin wenden und in Semmel-bröseln panieren. Im heißen Butterschmalz auf beiden Seiten goldgelb backen.

Rotwein mit Zimt, Nelken und Zucker nach Geschmack erhitzen bis kurz vor den Siedepunkt. Gewürze entfernen, die Versoffenen Jungfern damit übergießen und sofort servieren.

ELLY STEINHUBER, ALTASBUCH 5, 94094 ROTTALMÜNSTER

Zwetschgenbavesen

400 g Toastbrot in Scheiben
250 g dickes Zwetschgenmus
ca. ⅛ l Milch
2 Eier
1 EL Milch zum Verquirlen
100 g Semmelbrösel
Butterschmalz zum Backen
4 EL Zucker
2 TL Zimt

Toastbrotscheiben dick mit Zwetschgenmus bestreichen, je 2 Scheiben zusammensetzen und gut andrücken. Auf beiden Außenseiten mit Milch beträufeln, etwas einziehen lassen. Eier mit Milch verquirlen, die Doppelscheiben darin wenden und mit Semmelbröseln panieren.
Zwetschgenbavesen in heißem Butterschmalz auf beiden Seiten goldgelb backen.
Auf Küchenkrepp abtropfen lassen und mit Zimt-Zucker bestreut servieren.

Werner Graf, Simbacher Strasse 40, 94060 Pocking

Nudeln

Sauerkirsch-Buchtelns. S. 84

Altbayrische Topfen-Nudeln

500 g Mehl
30 g Hefe
ca. ¼ l Milch
70 g weiche Butter
250 g Topfen (Quark)
1 Prise Salz
2 EL Zucker
4 Eigelb
100 g Weinbeeren
Butterschmalz zum Backen
Puderzucker zum Bestäuben

Mehl in eine Schüssel sieben, in die Mitte eine Vertiefung eindrücken.
Zerbröselte Hefe mit 1 TL Zucker und etwas lauwarmer Milch zu einem Teiglein
verrühren, in die Mehlgrube geben, mit etwas Mehl verrühren und zugedeckt
etwa 15 Minuten gehen lassen. Dann restliche zimmerwarme Zutaten dazugeben
und alles zu einem glatten Teig verarbeiten. Nochmals zugedeckt etwa 30 Minu-
ten lauwarm gehen lassen.
Wenn der Teig auf die doppelte Menge aufgegangen ist, auf einem bemehlten
Brett oder der Arbeitsplatte fingerdicke und -lange Nudeln formen. Auf der
Arbeitsfläche nochmals zugedeckt kurz gehen lassen.
Topfen-Nudeln portionsweise in heißem Butterschmalz goldgelb backen. Fett auf
Küchenkrepp etwas abtropfen lassen, Nudeln dann nach Belieben mit Puderzucker
bestreut servieren.

Angelika Stemmer, Auweg 1, 94486 Gergweis

Bayerische Dampfnudeln

500 g Mehl
1 Prise Salz
1 TL Zucker
ca. ¼ l lauwarme Milch
30 g Hefe
1 - 2 Eier
50 g Zucker
etwas abgeriebene Zitronenschale

zum Garen:
50 g Butter
¼ l Milch
1 Prise Salz
1 EL Zucker

Mehl mit Salz in eine Schüssel geben, in die Mitte eine Vertiefung eindrücken. Zerbröselte Hefe mit 1 TL Zucker und etwas lauwarmer Milch zu einem Teiglein verrühren. In die Mehlgrube geben, mit etwas Mehl verrühren und zugedeckt etwa 20 Minuten gehen lassen.
Wenn der Vorteig gegangen ist, restliche zimmerwarme Zutaten und lauwarme Milch nach Bedarf dazugeben und alles zu einem glatten Teig verarbeiten. Nochmals zugedeckt an einem warmen Ort gehen lassen.
Etwa 15 kleine Nudeln vom gegangenen Teig abstechen, auf der bemehlten Arbeitsfläche rund formen und zugedeckt nochmals kurz gehen lassen.

In einem gut schließenden Topf mit großem Durchmesser Butter schmelzen, Milch, Zucker und Salz erwärmen und die Nudeln nebeneinander hineinsetzen. Einen dicht schließenden Deckel daraufsetzen, die Milch zum Kochen bringen, etwa 10 Minuten bei mittlerer Hitze kochen, dann bei schwacher Hitze weitere 15 Minuten garen. Die Milch soll aufgesogen werden, die Nudeln am Boden bräunen, aber nicht anbrennen. Deckel während des Garens nicht abnehmen. Nach Ende der Garzeit Deckel vorsichtig abnehmen, damit kein Kondenswasser auf die Nudeln tropft. Nudeln mit der Backschaufel lösen und mit der Krustenseite nach oben servieren.

MONIKA SCHNABEL, AM BRÜNDL 24, 94474 VILSHOFEN

Fingernudeln

750 g gekochte, geriebene Kartoffeln
ca. 150 g Mehl
1 Prise Salz
1 MSp Muskat
etwas Pfeffer
1- 2 Eier
150 g Butterschmalz für die Form

Kartoffeln mit Mehl locker vermischen, mit Salz, Muskat, Pfeffer und Eiern zu einem glatten Teig verkneten. Mit bemehlten Händen fingerdicke Rollen formen, davon kleine Nudeln abschneiden oder mit der Hand Nudeln formen. Fingernudeln in einer mit Butterschmalz gut gefetteten Bratreine bei 175 Grad etwa 30 Minuten backen.
Fingernudeln schmecken zu Sauerkraut oder zu Kompott.

ELFRIEDE SCHAUB, HOFREUTSTRASSE 14, 94146 HINTERSCHMIDING

Fünf-Minuten-Nudeln

4 Eier
4 EL Zucker
1 Prise Salz
½ P. Vanillezucker
8 gehäufte EL Mehl
2 TL Backpulver
2 EL Butter
⅛ l Milch
Puderzucker nach Belieben

Eier mit Zucker und Salz schaumig rühren, Vanillezucker dazugeben. Das mit Back-pulver vermischte Mehl unterrühren. Butter und Milch in einem Topf mit großem Durchmesser (20 - 25 cm) erhitzen. Mit einem Esslöffel Häufchen vom Teig abste-chen und nebeneinander in den Topf setzen.
Nudeln etwa 8 - 10 Minuten bei schwacher Hitze im geschlossenen Topf garen. Temperatur nicht zu hoch wählen, damit die Nudeln nicht anbrennen. Mit Puder-zucker bestäubt zu Kompott oder Fruchtsoße servieren.

MONIKA RAUSCHEDER, FURTH 1 / ROSSBACH, 84494 NIEDERTAUFKIRCHEN

Gefüllte Baunzerl

500 g Mehl
1 Prise Salz
ca. ¼ l lauwarme Milch
30 g Hefe
1 - 2 Eier
50 g Zucker
1 P. Vanillezucker
etwas abgeriebene Zitronenschale
50 g geschmolzene Butter

Füllung:
100 g Rosinen
50 g Zucker
1 P. Vanillezucker
1 TL Zimt
50 g gehackte Mandeln
3 - 4 EL Sahne
Zucker zum Bestreuen

Mehl in eine Schüssel sieben, in die Mitte eine Vertiefung eindrücken.
Zerbröselte Hefe mit 1 TL Zucker und etwas lauwarmer Milch zu einem Teiglein
verrühren, in die Mehlgrube geben, mit etwas Mehl verrühren und zugedeckt
etwa 15 Minuten gehen lassen. Dann restliche zimmerwarme Zutaten dazugeben
und alles zu einem glatten Teig verarbeiten. Nochmals zugedeckt lauwarm gehen
lassen.
Für die Füllung alle angegebenen Zutaten mischen und mit Sahne verrühren.
Etwa 12 Nudeln vom gegangenen Teig abstechen, etwas ausziehen, in die Mitte
jeweils 1 EL Füllung setzen und zu einer Kugel formen. Auf der bemehlten Arbeitsfläche zugedeckt nochmals kurz gehen lassen.
Baunzerl in eine gut gefettete Bratreine oder Auflaufform setzen und bei 175 Grad
etwa 35 Minuten im Rohr backen, dann stürzen und mit Zucker bestreut servieren.

ANNA HOFMANN, RENNWEG 5, 94330 AITERHOFEN

Hefenudeln mit Quarkfülle

500 g Mehl
ca. ¼ l Milch
2 Eier
30 g Hefe
60 g weiche Butter
60 g Zucker
etwas abgeriebene Zitronenschale

Quarkfülle:
250 g Quark
50 g Zucker
1 Ei
30 g Butter
1 EL Zitronensaft
1 P. Vanillepudding
1 Apfel, klein gewürfelt

Mehl in eine Schüssel sieben, in die Mitte eine Vertiefung eindrücken. Zerbröselte Hefe mit 1 TL Zucker und etwas lauwarmer Milch zu einem Teiglein verrühren, in die Mehlgrube geben, mit etwas Mehl verrühren und mit 1 EL Mehl bestäuben. Zugedeckt etwa 15 Minuten gehen lassen, dann restliche zimmerwarme Zutaten dazugeben und alles zu einem glatten Teig verarbeiten. Nochmals zugedeckt lauwarm in der Schüssel gehen lassen.
Für die Fülle Quark, Zucker, Ei, geschmolzene Butter und Zitronensaft verrühren, Vanillepuddingpulver und Apfelwürfel dazugeben und gut vermengen.
Gegangenen Teig zu einem Rechteck ausrollen, Quadrate mit 7 cm Seitenlänge ausschneiden und in die Mitte jedes Vierecks 1 EL Quarkfülle setzen. Die vier Ecken nach oben schlagen, leicht zusammendrehen und die Nudeln nebeneinander in eine gut gefettete Auflaufform setzen. Zugedeckt nochmals kurz gehen lassen, dann bei 175 Grad etwa 30 Minuten backen.

Anna Thalhammer, Buch 18, 84508 Burgkirchen an der Alz

Mohnbuchteln

500 g Mehl
1 Würfel Hefe
1 - 2 Eier
1 Prise Salz
3 EL Zucker
ca. ¼ l lauwarme Milch
80 g geschmolzene Butter
etwas abgeriebene Zitronenschale

Fülle:
⅛ l Milch
2 EL Butter
150 g gemahlener Mohn
80 g Zucker
½ TL Zimt
1 Ei
50 g Rosinen
1 EL Rum

Mehl in eine Schüssel sieben, in die Mitte eine Vertiefung eindrücken.
Zerbröselte Hefe mit etwas Zucker und etwas lauwarmer Milch zu einem Teiglein
verrühren, in die Mehlgrube geben, mit etwas Mehl verrühren und zugedeckt
etwa 15 Minuten gehen lassen. Dann restliche zimmerwarme Zutaten dazugeben
und alles zu einem glatten Teig verarbeiten. Nochmals zugedeckt lauwarm gehen
lassen.
Für die Fülle Milch mit Butter zum Kochen bringen, Mohn unter Rühren einrieseln
lassen und einige Minuten kochen lassen. Zucker und Zimt dazugeben, Masse
etwas abkühlen lassen, dann Ei, Rosinen und Rum untermengen.
Sollte die Fülle zu weich sein, etwas Semmelbrösel dazugeben.
Mit einem Esslöffel vom gegangenen Hefeteig Stücke abstechen, etwas ausziehen,
mit Mohnmasse füllen, zu Nudeln fomen und nicht zu dicht nebeneinander in
eine gut gefettete Reine setzen. Nochmals zugedeckt kurz gehen lassen, dann bei
180 Grad etwa 30 Minuten backen.

REGINA SCHANZER, HOLZBACH 4, 94081 FÜRSTENZELL

Quark-Dampfnudeln

500 g Quark
100 g Mehl
2 TL Backpulver
3 Eier
60 g Zucker
1 P. Vanillezucker
etwas abgeriebene Zitronenschale

zum Garen:
⅛ l Milch
60 g Zucker
1 Prise Salz
½ P. Vanillezucker

Mehl mit Backpulver mischen, mit Quark, Eiern, Zucker, Vanillezucker und Zitronenschale in einer Schüssel mit dem Schneebesen gut verrühren.
Milch mit Zucker, Salz und Vanillezucker verquirlen und in eine gut gefettete Auflaufform geben. Mit einem kleinen, in Milch getauchten Schöpfer Knödel von der Quarkmasse abstechen und nebeneinander in die Flüssigkeit setzen.
Bei 175 Grad etwa 35 Minuten im Rohr backen.

EVI SUTTROP, HAYDNSTRASSE 17, 84503 ALTÖTTING

Quark-Mohn-Nudeln

100 g Weichweizengrieß
140 g Mehl
1 Prise Salz
80 g weiche Butter
500 g Quark
2 Eier
100 g Butter zum Backen
100 g gemahlener Mohn
80 g Zucker
etwas Rum nach Belieben

Grieß mit Mehl und Salz mischen, Butter, Quark und Eier dazugeben und alles mit dem Knethaken des elektrischen Rührgeräts gut vermengen. Teig 30 Minuten ruhen lassen, dann nochmals durchkneten. Auf der Arbeitsfläche zu Rollen formen, kleine Stücke abschneiden und zu Nudeln rollen. Nudeln in kochendes Salzwasser legen, aufkochen und kurz ziehen lassen, dann abtropfen lassen.
Butter in einer Reine schmelzen, Mohn und Zucker dazugeben, etwas vermischen und die abgetopften Nudeln hineingeben. Nach Belieben mit etwas Rum aromatisieren. Im heißen Backrohr kurz durchziehen lassen.

ANGELA BLÖCHL, KREUZBERG 9, 94078 FREYUNG

Rohrnudeln auf Pflaumen im Tontopf

750 g Pflaumen
etwas geriebene Zitronenschale
1 TL Zimt
3 EL Zucker

ca. 200 ml lauwarme Milch
60 g Zucker
1 P. Vanillezucker
1 Prise Salz
75 g geschmolzene Butter
500 g Mehl
1 Würfel Hefe
2 Eier
70 g Butter
70 g Hagelzucker

Pflaumen halbieren und entsteinen, mit Zitronenschale, 3 EL Zucker, Zimt und etwas Wasser kurz andünsten, dann im Saft abkühlen lassen.
Hefeteig mit dem elektrischen Rührgerät zubereiten: Lauwarme Milch, Zucker, Vanillezucker, Salz und Butter in eine Rührschüssel geben. Mehl und zerbröselte Hefe daraufgeben, Eier zugeben und alle Zutaten zunächst auf niedriger, dann auf höchster Schaltstufe verkneten, bis sich der Teig vom Schüsselrand löst und gleichmäßige Beschaffenheit zeigt. An einem warmen Ort zugedeckt etwa 30 Minuten gehen lassen.
Tontopf in kaltem Wasser wässern. Gegangenen Hefeteig durchkneten und zu 12 Kugeln formen. Pflaumen mit ca. ⅛ l Saft in den Tontopf geben. Hefenudeln darauf setzen, nochmals kurz gehen lassen. Tontopf ohne Deckel in den kalten Backofen stellen, Nudeln bei 175 Grad etwa 35 Minuten goldgelb backen. Sobald die Nudeln bräunen, Deckel darauf setzen. Fertig gegarte Nudeln mit geschmolzener Butter bestreichen und mit Hagelzucker bestreuen.

Sigrid Pilzweger, Wangham 1, 94094 Rotthalmünster

Rupfhauben

250 g Mehl
1 Ei
1 Prise Salz
2 EL Öl
etwas Wasser

¼ l Milch
100 g Butter
nach Belieben 2 - 3 Äpfel und 50 g Rosinen
Zimt-Zucker zum Bestreuen

Mehl in eine Schüssel sieben, in die Mitte eine Vertiefung eindrücken, mit Ei, Salz, Öl und Wasser zu einem festen Nudelteig verarbeiten. Teig auf der bemehlten Arbeitsfläche gut durchkneten, dann in 8 Stücke teilen und zu handtellergroßen Fladen ausrollen.
In einem niedrigen Kochtopf mit großem Durchmesser Butter schmelzen und mit der Milch zum Kochen bringen. Nach Belieben Apfelwürfel und Rosinen dazugeben. Teigfladen in der Mitte anheben und wie Hauben nebeneinander in die heiße Flüssigkeit setzen. Den Topfdeckel schließen und die Rupfhauben bei mäßiger Hitze (damit sie nicht anbrennen) etwa 25 Minuten köcheln lassen. Vor dem Servieren aus dem Topf heben und mit Zimt-Zucker bestreuen.

Petra Maier, Stocka 1, 84378 Dietersburg

Sauerkirsch-Buchteln

500 g Mehl
1 Würfel Hefe
ca. ½ l Milch
120 g Zucker
1 P. Vanillezucker
1 Prise Salz
80 g weiche Butter
2 Eier
3 - 4 EL Kirschlikör nach Belieben
ca. 300 g entkernte Sauerkirschen

Mehl in eine Schüssel sieben, in die Mitte eine Vertiefung eindrücken. Die zer-bröckelte Hefe mit 1 TL Zucker in etwas lauwarmer Milch auflösen, in die Mulde gießen und mit etwas Mehl verrühren. Zugedeckt etwa 20 Minuten warm gehen lassen.
Sauerkirschen mit Kirschlikör beträufeln und im Kühlschrank zugedeckt ziehen lassen.
Wenn der Hefeansatz gegangen ist, restlichen Zucker, Vanillezucker, Salz, Butter, Eier und Milch nach Bedarf dazugeben und alles zu einem glatten Teig verkneten. Nochmals etwa 20 Minuten gehen lassen. Teig dann durchkneten, zu einer Rolle formen und in ca. 18 Stücke schneiden. Diese mit den marinierten Sauerkirschen füllen, zu Kugeln formen und nebeneinander in eine gut gefettete Auflaufform setzen. Nochmals kurz gehen lassen, dann bei 175 Grad etwa 30 Minuten backen.

Manev Dejan, Dortmunder Strasse 2, 84513 Töging am Inn

Sticknudeln

450 g Mehl
50 g Butter
80 g Zucker
1 Prise Salz
2 Eier
1 Würfel Hefe
ca. ¼ l Milch

Backfett
ca. ¼ l Milch für die Form
Vanillezucker zum Bestreuen

Fülle:
150 g gemahlener Mohn
etwas Milch
1 Prise Zimt
2 TL Johannisbeermarmelade
1 EL Rosinen
etwas Rum
40 g Puderzucker

Lauwarme Milch, geschmolzene, abgekühlte Butter, Zucker, Salz und Eier in eine Rührschüssel geben. Mehl und die zerbröselte Hefe dazugeben und alles mit dem Knethaken zu einem geschmeidigen Hefeteig verarbeiten. Zugedeckt warm gehen lassen.

Für die Fülle gemahlenen Mohn in etwas Milch aufkochen und abkühlen lassen. Alle übrigen Zutaten unterrühren. Hefeteig noch einmal durchkneten, dann mit dem Esslöffel eigroße Teigstücke abstechen und diese etwas auseinander drücken. Mit etwas Mohnfülle belegen, wieder zu Nudeln formen und auf einem bemehlten Brett oder auf der Arbeitsfläche gehen lassen, bis sich das Teigvolumen etwa um ein Drittel vergrößert hat .

Mohnnudeln dann im heißen Backfett auf allen Seiten schwimmend herausbacken. Die gebackenen Nudeln in eine fingerhoch mit heißer Milch gefüllte Reine setzen und im heißen Backrohr noch kurz ziehen lassen. Vor dem Servieren mit Vanillezucker bestreuen.

Sticknudeln schmecken auch mit Zwetschgenfülle.

GUDRUN KONRADL-HUBER, STRASSFELDWEG 4, 94148 KIRCHHAM

Süße Kartoffelwürstl

4 mittelgroße gekochte Kartoffeln
500 g Mehl
80 g Zucker
1 Würfel Hefe
ca. ¼ l lauwarme Milch
60 g weiche Butter
1 Ei
1 Prise Salz
Butterschmalz zum Backen
Zimt-Zucker

Kartoffeln am Vortag kochen und heiß durch die Presse drücken.
Mehl in eine Schüssel sieben, in die Mitte eine Vertiefung eindrücken. Hefe mit 1 TL Zucker in etwas lauwarmer Milch auflösen und in die Mulde geben. Mit etwas Mehl verrühren und zugedeckt warm gehen lassen.
Wenn der Hefeansatz gegangen ist, restlichen Zucker, Salz, Ei, Butter und lauwarme Milch nach Bedarf dazugeben, durchgedrückte Kartoffeln untermengen und alles zu einem glatten Teig kneten.
Teig nochmals gehen lassen, dann durchkneten und auf der bemehlten Arbeitsfläche zu einer Rolle formen. Nudeln abtrennen oder abschneiden und in reichlich heißem Butterschmalz goldbraun backen. Auf Küchenkrepp abtropfen lassen und in Zimt-Zucker wenden.

EDITH EICHHAMMER, HERRNSAALER RING 31, 93309 KEHLHEIM

Topfennudeln

500 g Topfen
50 g weiche Butter
1 Ei
2 Eidotter
1 Prise Salz
1 EL Sauerrahm
ca. 100 g Mehl
Butterschmalz zum Backen

Topfen mit Butter, Ei, Eidottern, Salz, Sauerrahm und Mehl zu einem glatten Teig verarbeiten. Auf der gut bemehlten Arbeitsfläche zu Rollen, dann zu etwa finger-langen Nudeln formen. Butterschmalz in einer Pfanne erhitzen und Nudeln darin von allen Seiten lichtbraun backen.

HEIDE BARTZ, LINDACHER STRASSE 36, 84489 BURGHAUSEN

Zimt-Rohrnudeln

625 g Mehl
1 Würfel Hefe
1 Prise Salz
2 EL Zucker
1 Ei
50 g weiche Butter
lauwarme Milch nach Bedarf
50 g geschmolzene Butter zum Bestreichen
200 g Zucker mit 2 TL Zimt vermischt
100 g Butter für die Form

Mehl in eine Schüssel sieben, in die Mitte eine Vertiefung eindrücken. Hefe mit
1 TL Zucker in etwas lauwarmer Milch auflösen und in die Mulde geben. Mit etwas
Mehl verrühren, 1 EL Mehl darüber stäuben und zugedeckt warm gehen lassen.
Wenn der Hefeansatz gegangen ist, restlichen Zucker, Salz, Ei, Butter und lauwar-
me Milch nach Bedarf dazugeben und zu einem glatten Teig kneten. Teig
nochmals gehen lassen, dann durchkneten und auf der bemehlten Arbeitsfläche
zu einem Rechteck ausrollen. Mit geschmolzener Butter bestreichen und mit der
Zimt-Zucker-Mischung bestreuen.
Rechteck der Länge nach aufrollen, in ca. 18 Scheiben schneiden. Diese mit der
Schnittfläche nach oben in die gut gefettete Bratreine oder in eine Auflaufform
setzen und nochmals gehen lassen. Bei 175 Grad etwa 30 Minuten im vorgeheizten
Rohr backen. Die gebackenen Nudeln vor dem Servieren stürzen.

CHRISTA HIRBLINGER, MALGERTSHAM 17, 94149 KÖSSLARN

Pfannkuchen

Omelette „Johann Strauß" s. S. 100

Apfel-Pfannkuchen

250 g Mehl
1 Prise Salz
1 P. Vanillezucker
40 g Zucker
3 - 4 Eier
ca. ½ l Milch
2 - 3 Äpfel
2 EL Zitronensaft
6 EL Zucker
½ TL Zimt
Butterschmalz zum Backen

Aus Mehl, Salz, Vanillezucker, Zucker, Eiern und Milch einen Pfannkuchenteig rühren. Teig etwas ruhen lassen. Äpfel schälen, in feine Scheibchen hobeln und mit Zitronensaft beträufeln.
In einer Pfanne Butterschmalz erhitzen, etwas Pfannkuchenteig hineingeben, einige Apfelscheibchen darauf verteilen und goldgelb anbacken lassen. Pfannkuchen wenden und fertig backen.
Apfelpfannkuchen auf einem vorgewärmten Teller mit Zimt-Zucker-Mischung bestreut servieren.

ALEXANDRA GRUNDNER, NIEDERHARTER STRASSE 10 A, 94034 PASSAU

Brombeer-Palatschinken

350 g Brombeeren
4 EL Zucker
½ P. Vanillezucker

175 g Mehl
3 Eier
1 Prise Salz
¼ l Milch
2 EL Zucker
Butterschmalz zum Backen

Guss:
1 Becher Schlagrahm
½ P. Vanillezucker
1 EL Zucker

Verlesene Brombeeren mit Zucker und Vanillezucker mischen und etwas durchziehen lassen.
Für die Palatschinken Mehl, Eier, Salz, Milch und Zucker verrühren und den Teig
etwa 15 Minuten rasten lassen. In heißem Butterschmalz 8 dünne Palatschinken
backen. Diese mit Brombeeren füllen, aufrollen und dicht nebeneinander in eine
kleine gebutterte Auflaufform setzen.
Schlagrahm mit Vanillezucker und Zucker verrühren und über die Palatschinken
gießen. Im vorgeheizten Backrohr bei 190 Grad etwa 20 Minuten backen.

MONIKA RAUCHENSCHWANDTNER, LUDWIG-THOMA-STRASSE 4, 84489 BURGHAUSEN

Dinkel-Crêpes mit Quarkfüllung

125 g Dinkelvollkornmehl
¼ l Milch
¼ TL Salz
etwas geriebene Zitronenschale
3 Eier
80 g geschmolzene Butter
Butterschmalz zum Backen

Quarkfüllung:
250 g Quark
1 Ei
etwas geriebene Zitronenschale
1 P. Vanillezucker
1 Prise Zimt
2 EL Honig
40 g Rosinen
Butterflöckchen
Mandelblättchen zum
Bestreuen

Dinkelmehl mit Milch, Salz und Zitronenschale zu einem glatten Teig verrühren, dann 20 Minuten quellen lassen. Eier und die abgekühlte Butter unterrühren. In heißem Butterschmalz dünne Crêpes backen.
Für die Fülle Quark mit Ei, Zitronenschale, Vanillezucker, Zimt und Honig verrühren, zuletzt die Rosinen untermengen. Die Crêpes mit der Fülle bestreichen, zu Viertelkreisen zusammenlegen und dachziegelartig in eine Auflaufform schichten. Mit Butterflöckchen belegen und mit Mandelblättchen bestreuen.
Bei 175 Grad etwa 20 - 30 Minuten backen.

RENATE RAFFER, AM NUSSBACH 24, 94244 TEISNACH

Eierkuchen mit flambierten Kirschen

175 g Weizenmehl
3 gestrichene EL Speisestärke
1 - 2 EL Zucker
1 Prise Salz
⅜ l Milch
3 Eier
2 EL Butter
Butterschmalz zum Backen

Fülle:
750 g Sauerkirschen
75 g Zucker
50 g Butter
3 EL Grand Marnier
3 EL Kirschwasser
Sauerkirschen und Puderzucker
zum Garnieren

Mehl mit Speisestärke in eine Schüssel sieben, in die Mitte eine Vertiefung ein-
drücken. Zucker, Salz und Milch hineingeben und von der Mitte aus mit dem
Schneebesen verrühren, damit keine Klümpchen entstehen. Nach und nach die
Eier unterrühren. Butter schwach bräunen lassen, dann heiß unter den Teig
rühren. In heißem Butterschmalz dünne Eierkuchen backen. Abgetropfte Eierkuchen warm halten.
Für die Füllung Sauerkirschen waschen, entsteinen und mit Zucker bestreuen.
Butter in einer Pfanne zerlassen, die Kirschen darin unter Wenden leicht dünsten,
Grand Marnier darübergießen. Kirschwasser erwärmen, über die Sauerkirschen
geben und anzünden. Kirschen auf den Eierkuchen verteilen, diese erst zur Hälfte,
dann zu einem Viertelkreis zusammenschlagen. Auf einer vorgewärmten Platte
mit Kirschen und Puderzucker garniert servieren.

SIEGLINDE LEITERMANN, GRAFENRIED 56, 94256 DRACHSELSRIED

Hefe-Pfannküchlein

ca. ½ l lauwarme Milch
½ Würfel Hefe
2 EL Zucker
ca. 200 g Mehl
1 Prise Salz
2 Eier
Butterschmalz zum Backen
Zimt-Zucker-Mischung

Hefe in ⅛ l lauwarme Milch bröckeln, Zucker dazugeben und etwas Mehl darüber sieben. Hefeansatz an einem warmen Ort gehen lassen.

Restliches Mehl mit Salz und Eiern in eine Schüssel geben, aufgegangene Hefe und lauwarme Milch vorsichtig untermengen. Den flüssigen Teig an einem warmen Ort nochmals gehen lassen.

In einer Pfanne Butterschmalz erhitzen und sehr kleine Portionen des Hefeteiges zu hellen und lockeren Pfannküchlein ausbacken. Vor dem Servieren in Zimt-Zucker wenden.

HELGA EDER, LERCHENSTRASSE 38, 84307 EGGENFELDEN

Heidelbeer-Pfannkuchen

250 g Mehl
1 P. Vanille-Soßenpulver
2 TL Backpulver
3 Eier, getrennt
1 Prise Salz
1 Prise Zucker
ca. ½ l Milch
Butterschmalz zum Backen
500 g Heidelbeeren
Zucker zum Bestreuen

Mehl mit Soßenpulver und Backpulver mischen und in eine Schüssel sieben. In die Mitte eine Vertiefung eindrücken. Salz, Zucker, Eigelb und Milch nach Bedarf hinein geben und von der Mitte aus mit dem Mehl verrühren. Es sollen keine Klümpchen entstehen. Eiweiß zu steifem Schnee schlagen und vorsichtig unter den Teig heben.
Butterschmalz in einer Pfanne erhitzen, eine dünne Teiglage hinein geben und goldgelb anbacken. Teigplatte wenden, mit Heidelbeeren belegen und bei geschlossenem Deckel fertig backen. Pfannkuchen zusammenklappen und mit Zucker bestreut servieren.

Die Pfannkuchen können statt mit Heidelbeeren auch mit Johannisbeeren gebacken werden.

Holunderblüten-Pfannkuchen

200 g Mehl
100 g zarte Instant-Haferflocken
ca. ½ l Milch
4 Eier
½ TL Salz
8 Holunderblütendolden
Butterschmalz zum Backen
Zucker oder Puderzucker zum Bestreuen

Mehl in eine Schüssel sieben, mit Haferflocken vermengen, in die Mitte eine Vertiefung eindrücken. Etwas Milch mit Eiern und Salz verquirlen, in die Mulde geben und von der Mitte aus mit der Mehl-Haferflocken-Mischung verrühren. Milch nach Bedarf zufügen und alles zu einem glatten Teig ohne Klümpchen rühren. Teig etwa 15 Minuten ruhen lassen.
Holunderblütendolden waschen, trockenschütteln und die Stengel dicht hinter den Blüten abschneiden. Butterschmalz in einer Pfanne erhitzen. In Portionen jeweils eine dünne Teiglage hineingeben, die Blüten einer Holunderdolde darüber streuen, etwas andrücken und die Pfannkuchen von beiden Seiten goldgelb backen. Nach Belieben mit Puderzucker oder Zucker bestreut servieren.

SIEGLINDE LEITERMANN, GRAFENRIED 56, 94256 DRACHSELSRIED

Karfreitags-Pfannkuchen

250 g Mehl
1 Prise Salz
1 EL Zucker
½ Würfel Hefe
ca. ⅜ l Milch
50 g geschmolzene Butter
3 Eier
ca. 150 g Rosinen
1 - 2 säuerliche Äpfel
Butterschmalz zum Backen
Zucker zum Bestreuen nach Belieben

Rosinen in etwas Wasser einmal aufkochen, dann in einem Sieb abtropfen lassen. Mehl in eine Schüssel sieben, in die Mitte eine Vertiefung eindrücken, Salz hinein-geben. Hefe mit Zucker und etwas lauwarmer Milch verrühren, bis sie aufgelöst ist. Hefeteiglein in die Mehlgrube geben, mit etwas Mehl vermischen. Eier, geschmolzene, abgekühlte Butter und Milch dazugeben und alles zu einem glatten Teig verrühren.
Teig zugedeckt an einem warmen Ort etwa 30 Minuten gehen lassen.
Äpfel schälen und in feine Scheibchen schneiden. Mit den abgetropften Rosinen unter den Teig heben.
Butterschmalz in einer Pfanne erhitzen, Teig in Portionen zu kleinen Pfannkuchen backen und nach Belieben mit Zucker bestreut servieren.

Barbara Eberl, Regensburger Strasse 136, 93309 Kelheim

Kartoffel-Pfannkuchen

250 g Weizenmehl
1 TL Backpulver
2 - 3 Eier, getrennt
½ TL Salz
ca. ½ l Milch
ca. 400 g in Scheiben geschnittene Pellkartoffeln
Butterschmalz zum Backen

Mehl mit Backpulver vermischt in eine Schüssel sieben, in die Mitte eine Vertiefung eindrücken. Salz und mit etwas Milch verquirltes Eigelb hineingeben und mit Mehl verrühren. Weiter Milch nach und nach dazugießen und mit Mehl verrühren. Es sollen keine Klümpchen entstehen.
Eiweiß zu steifem Schnee schlagen und unterheben.
Butterschmalz in einer Pfanne erhitzen, eine dünne Teiglage hineingeben und mit Kartoffelscheiben belegen. Kartoffelpfannkuchen auf beiden Seiten goldgelb backen. Nach Belieben zu Kompott, Kräuterquark oder Salat reichen.

Omelette „Johann Strauß"

¼ l Milch
1 Prise Salz
50 g Butter
70 g Mehl
5 Eier, getrennt
60 g Zucker
50 g Butterschmalz zum Backen

Soße:
4 unbehandelte Orangen
1 Stück Würfelzucker
40 g Zucker
60 g Aprikosenmarmelade
20 g Butter
etwas Orangenlikör

Milch, Salz und Butter in einem Topf aufkochen lassen, das Mehl auf einmal dazugeben und kräftig weiterrühren, bis sich die Masse vom Topf löst. Teig etwas
abkühlen lassen, dann Eidotter nach und nach unterrühren. Eiweiß mit Zucker
sehr steif schlagen. Ein Drittel des Eischnees zum Eierteig geben und glattrühren,
den Rest des Eischnees locker unterheben.
In heißem Butterschmalz kleine, dünne Omeletten backen, ohne Füllung zusammenklappen und auf vorgewärmten Tellern mit Orangensoße servieren.
Für die Soße die Schale einer Orange mit einem Stück Würfelzucker abreiben. Saft
der Orangen, Würfelzuckerstück, Zucker und Aprikosenmarmelade in einem Topf
aufkochen lassen. Soße vom Herd nehmen und mit dem Schneebesen Butterflöckchen einrühren. Mit Orangenlikör abschmecken.

MARIANNE SIGLMÜLLER, KELLERWEG 1, 94065 WALDKIRCHEN

Pfannkuchen-Auflauf

ca. 6 Pfannkuchen
1 Becher Sauerrahm oder Schmand
1 Becher Schlagsahne
3 Eier
½ TL Zimt
1 EL Zitronensaft
1 P. Vanillezucker
4 EL Zucker
2 EL Rum
Butterflöckchen
Mandelblättchen nach Belieben

Pfannkuchen aufrollen und in nicht zu schmale Streifen schneiden. Sauerrahm mit Schlagsahne und Eiern gut verrühren. Zimt, Zitronensaft, Vanillezucker, Zucker und Rum gut untermengen.
Pfannkuchenstreifen in eine gut gebutterte Auflaufform geben, Eiersahne gleichmäßig darüber verteilen. Butterflöckchen darauf setzen und nach Belieben mit Mandelblättchen bestreuen. Im vorgeheizten Backrohr bei 175 Grad etwa 25 Minuten backen.

MARIA MAIER, THANN 1, 84494 NIEDERTAUFKIRCHEN

Pfannkuchen mit feiner Quarkfülle

220 g Mehl
ca. ½ l Milch
4 Eier
75 g Zucker
1 Prise Salz
Butterschmalz zum Backen

Füllung:
50 g Rosinen
2 EL Rum
50 g weiche Butter
abgeriebene Schale einer
unbehandelten Zitrone
100 g Zucker
1 P. Vanillezucker
2 Eier, getrennt
250 g Speisequark

Guss:
2 Eier
¼ l Milch
2 EL Zucker
1 P. Vanillezucker
Puderzucker und Zitronenmelisse
zum Garnieren

Aus Mehl, Milch, Eiern, Zucker und Salz einen Pfannkuchenteig rühren und etwa 30 Minuten quellen lassen. Rosinen mit Rum beträufeln und ziehen lassen. Butter, Zitronenschale, Zucker, Vanillezucker und Eigelb schaumig rühren. Eiweiß zu steifem Schnee schlagen. Quark und Rum-Rosinen unter die Eigelbcreme rühren, Eischnee unterziehen.
Butterschmalz in einer Pfanne erhitzen, aus dem Teig portionsweise ca. 8 Pfannkuchen backen. Jeden Pfannkuchen mit etwa 2 Esslöffel Füllung bestreichen, aufrollen und quer halbieren. Pfannkuchenhälften dachziegelartig in eine gebutterte Auflaufform legen.
Für den Guss Eier, Milch, Zucker und Vanillezucker verrühren und über die Pfannkuchen gießen. Im vorgeheizten Backrohr bei 175 Grad ca. 20 Minuten überbacken. Nach Belieben mit Puderzucker bestäuben und mit Zitronenmelisse garnieren.

ROSWITHA KOLLER, UNTERE BRANDSTATT 1, 84364 BAD BIRNBACH/BROMBACH

Pfannkuchen-Strudel

250 g Mehl
3 Eier
1 Prise Salz
½ l Milch
Butterschmalz zum Backen der Pfannkuchen

Fülle:
500 g Quark
30 g weiche Butter
2 Eier
100 g Zucker
100 g Rosinen
2 - 3 Äpfel
Saft 1 kleinen Zitrone

20 g Butter für die Form
¼ l Milch

Aus Mehl, Eiern, Salz und Milch einen Pfannkuchenteig rühren, kurz ruhen lassen, dann daraus dünne Pfannkuchen backen.
Butter, Zucker und Eier schaumig rühren, Quark, Rosinen und Zitronensaft unterrühren. Äpfel schälen, vierteln, vom Kernhaus befreien und klein würfeln. Apfelwürfel unter die Quarkmasse heben.
Die abgekühlten Pfannkuchen mit Quarkmasse füllen, aufrollen und in eine gefettete Auflaufform geben. Bei 200 Grad 10 Minuten anbacken, dann Milch aufgießen und weitere 20 Minuten bei 175 Grad fertig backen.
Statt der Äpfel und Rosinen kann für die Fülle auch anderes Obst nach Jahreszeit verwendet werden.

MARTHA ROSSMAYER, ZWICKLARN 1, 94072 BAD FÜSSING

Pongauer Kerschflenggen

250 g Mehl
1 Prise Salz
ca. ½ l Milch
1 - 2 EL Zucker
4 Eier, getrennt
1 TL Zitronensaft
ca. 300 g entsteinte Kirschen oder Sauerkirschen
Butterschmalz zum Backen
Zucker zum Bestreuen

Mehl mit Salz, Zucker, Milch und Eidottern verrühren. Teig etwa 30 Minuten ruhen lassen. Eiweiß unter Zugabe von Zitronensaft zu sehr steifem Schnee schlagen, dann unter den Pfannkuchenteig heben.
In einer Pfanne Butterschmalz erhitzen, Teig portionsweise hineingeben, einige Kirschen darüberstreuen und anbacken. Pfannkuchen vorsichtig wenden und bei mäßiger Hitze auch auf der anderen Seite goldgelb backen.
„Kerschflenggen" nach Belieben mit Zucker bestreuen und sofort servieren.

EDITH RAITH, BAYERWALDSTRASSE 7, 94169 THURMANSBANG/THANNBERG

Quark-Plinsen

2 Eier, getrennt
1 - 2 EL Zucker
1 Prise Salz
500 g Quark
150 g Weizenmehl
etwas abgeriebene Zitronenschale
50 g Rosinen
etwas Milch nach Bedarf
Butterschmalz zum Backen
Zucker zum Bestreuen

Eigelb mit Zucker, Salz und Quark verrühren. Mehl löffelweise dazugeben, Zitronenschale und Rosinen untermengen. Nach Bedarf etwas Milch zufügen. Eiweiß zu steifem Schnee schlagen und unterziehen.
Butterschmalz in einer Pfanne erhitzen, Teig löffelweise hineingeben und auf beiden Seiten goldgelb backen. Plinsen auf eine angewärmte Platte geben und mit etwas Zucker bestreut zu Kompott oder Früchtequark servieren.
Ungezuckert schmecken die Quarkplinsen auch zu Salat oder Gemüse.

ANNI PESCHL, ROSENSTRASSE 11, 94155 OTTERSKIRCHEN

Topfen-Palatschinken

240 g Mehl
3 Eier
¼ - ½ l Milch
20 g Zucker
1 Prise Salz
Butterschmalz zum Backen

Füllung:
250 g Topfen (Quark)
2 Eigelb oder 1 Ei
4 EL Milch
1 P. Vanillezucker
1 EL Honig
3 EL Rosinen
abgeriebene Schale einer unbehandelten Zitrone

Guss:
⅛ l Sahne
2 Eigelb
1 P. Vanillezucker

Aus Mehl, Milch, Eiern, Salz und Zucker einen Pfannkuchenteig rühren. In heißem Butterschmalz 8 Pfannkuchen ausbacken.
Topfen mit Eigelb, Milch, Vanillezucker, Honig, Rosinen und Zitronenschale zu einer streichfähigen Masse verrühren. Die Pfannkuchen damit bestreichen, zu Halbkreisen, dann zu Viertelkreisen zusammenschlagen und dachziegelartig in eine Auflaufform legen. Sahne mit Eigelb und Vanillezucker verquirlen und darüber gießen.
Topfenpalatschinken im Backrohr ca. 20 Minuten bei 175 Grad backen.

HILDEGARD ZECHMANN, HASELBACH 18, 94481 GRAFENAU

Schmarrn

Kaiserschmarrn s. S. 116

Apfelschmarrn

250 g Mehl
etwa ⅜ l Milch
¼ TL Salz
2 EL Zucker
4 Eier, getrennt
ca. 300 g Äpfel
2 EL Zitronensaft
60 - 80 g Butter oder Butterschmalz
2 EL Zucker
½ TL Zimt

Mehl mit Milch, Salz und Zucker verrühren, nach und nach die Eidotter dazugeben und weiterrühren. Teig gut 10 Minuten rasten lassen.
Äpfel schälen, vierteln, vom Kerngehäuse befreien und in dünne Scheibchen schneiden. Mit Zitronensaft beträufeln und gut vermischen. Eiweiß steif schlagen, Zitronensaft dazugeben und schlagen, bis der Eischnee schnittfest ist. Vorsichtig unter den Eierteig heben.
In einer großen Pfanne etwas Butter oder Butterschmalz erhitzen, ein Viertel der Teigmasse hineingeben, einige Apfelscheibchen darauflegen und den Teig von beiden Seiten bei mäßiger Hitze hell anbacken. In beliebig große Stücke teilen, unter öfterem Wenden noch kurz weiterrösten, dann warm stellen, bis der restliche Teig ebenso als Schmarrn gebacken ist. Mit Zimt-Zucker-Mischung bestreut servieren.

EDITH RAITH, BAYERWALDSTRASSE 7, 94169 THURMANSBANG/THANNBERG

Bauernschmarrn

4 mittelgroße gekochte Kartoffeln
2 trockene Semmeln
4 Eier
ca. ⅛ l Milch
1 Prise Salz
Butterschmalz zum Backen
Preiselbeeren zum Garnieren

Semmeln in feine Scheibchen schneiden und in eine Schüssel geben. Eier mit Salz und Milch verquirlen und über die Semmelscheibchen gießen. Gut durchziehen lassen.
Kartoffeln in feine Scheiben schneiden, zur Semmelmasse geben und gut vermengen.
Butterschmalz in einer Pfanne erhitzen. Die Hälfte der Schmarrnmasse hineingeben, anbacken lassen, dann wenden, auf der anderen Seite bei mäßiger Hitze ebenfalls anbacken, dann mit der Bratschaufel zerstoßen und goldgelb fertig rösten. Schmarrn zugedeckt warm stellen und mit der zweiten Hälfte der Schmarrnmasse ebenso verfahren.
Schmarrn auf einer heißen Platte anrichten und mit Preiselbeeren garnieren. Kompott oder Salat dazu reichen.

Erdäpfel-Topfen-Schmarrn

750 g mehlige Erdäpfel (Kartoffeln)
ca. 100 - 150 g Mehl
250 g trockener Topfen (Quarck)
1 TL Salz
1 - 2 Eier
Butterschmalz zum Backen

Erdäpfel kochen, schälen, heiß durchpressen und völlig erkalten lassen. Erdäpfel dann in eine große Schüssel geben, salzen und mit Mehl (nach Bedarf) locker abbröseln. Trockenen Topfen und verquirlte Eier mit einer Gabel locker und gleichmäßig darunter mengen.

Butterschmalz in einer Pfanne erhitzen, Schmarrnteig portionsweise etwa 1 cm hoch hinein geben und hell anbacken lassen. Erdäpfelmasse wenden, wieder leicht anbacken lassen, dann mit der Backschaufel oder mit zwei Gabeln zu Schmarrn zerstoßen und unter öfterem Wenden goldgelb fertig backen. Schmarrn nach Belieben mit Zucker bestreut zu Kompott oder ohne Zucker zu Salat oder Gemüse reichen.

Feiner Hüttenschmarrn

4 gehäufte EL Mehl
1 Prise Salz
8 EL Milch
4 Eier, getrennt
Butterschmalz zum Backen
Puderzucker zum Bestäuben
Zucker zum Bestreuen nach Belieben

Mehl mit Salz und Milch verrühren, dann die Eidotter dazugeben und alles zu einem glatten Teig verrühren.
Eiweiß zu steifem Eischnee schlagen, unter den Teig ziehen und sofort in heißem Butterschmalz backen.
Ist die Unterseite hell angebacken, Masse wenden, bei mäßiger Hitze ebenfalls anbacken lassen, dann mit der Backschaufel zerstoßen oder mit zwei Gabeln in Stücke reißen und unter öfterem Wenden und Rütteln goldgelb fertig backen.
Schmarrn nach Belieben mit Zucker bestreuen und sofort servieren.

Grießschmarrn

¾ l Milch
1 Prise Salz
50 g Zucker
1 P. Vanillezucker
150 g Weichweizengrieß
2 Eier, getrennt
Butter zum Backen
etwas Zucker zum Bestreuen
Puderzucker zum Bestäuben

Milch mit Salz, Zucker und Vanillezucker aufkochen lassen. Grieß einrühren und etwa 10 Minuten auf der ausgeschalteten Herdplatte ausquellen lassen.
Verquirltes Eigelb unter die abgekühlte Masse rühren. Eiweiß zu steifem Schnee schlagen und vorsichtig unterheben.
Butter in einer Pfanne erhitzen und die Hälfte der Grießmasse darin bei schwacher Hitze von beiden Seiten goldgelb anbacken. Schmarrn mit zwei Gabeln zerteilen, wenig Zucker darüber streuen und weitere 3 Minuten backen. Mit der restlichen Masse ebenso verfahren.
Mit Puderzucker bestäubt servieren.

GERTI KAMHUBER, KONVENTSTRASSE 75, 84503 ALTÖTTING

Großmutters Erdäpfelschmarrn

1 kg am Vortag gekochte mehlige Kartoffeln
etwa 150 g Mehl
etwas Salz
1 Prise Muskatnuss
100 g Schweine- oder Butterschmalz

Gekochte Kartoffeln locker reiben und mit Mehl, Salz und Muskatnuss abbröseln. Schmalz in einer großen Pfanne erhitzen. Die Kartoffelmischung darin hellbraun anbraten und immer wieder wenden, bis der Schmarrn hellbraune Krusten zeigt.

Die Großmutter der Einsenderin reichte Kompott oder g'stöckelte Milch, ähnlich der Dickmilch, dazu.

Ella Reitberger, Gartenweg 1, 94142 Fürsteneck

Hirseschmarrn

250 g Hirseflocken
ca. ¼ l Milch
3 - 4 Eier
1 Prise Salz
500 g Äpfel
1 - 2 EL Zitronensaft
Butterschmalz zum Backen
Puderzucker oder Zimt-Zucker nach Belieben

Milch mit Eiern und Salz verquirlen, Hirseflocken damit verrühren und 30 Minuten quellen lassen.
Äpfel schälen, Kernhaus entfernen, in feine Scheiben schneiden und mit Zitronensaft beträufeln. Apfelscheibchen vor dem Backen unter den Teig mengen.
Butterschmalz in einer Pfanne erhitzen, Teig portionsweise hineingeben und anbacken. Teig wenden, bei mäßiger Hitze wieder goldgelb anbacken, bis sich eine Kruste gebildet hat. Mit zwei Gabeln in Stücke reißen, kurz weiter bräunen, dann nach Belieben mit Zucker bestreut servieren.

BERNADETTE STAUDINGER, DONAUSTRASSE 8, REIBERSDORF

Kaiserschmarrn

30 g Rosinen
2 EL Rum
4 Eier, getrennt
30 g Zucker
1 Prise Salz
1 P. Vanillezucker
⅜ l Milch
130 g Mehl
60 g Butter
Butterschmalz zum Backen
Puderzucker zum Besieben

Rosinen in Rum quellen lassen. Eidotter mit Zucker, Salz und Vanillezucker sehr schaumig schlagen. Nach und nach Mehl und Milch abwechselnd unterrühren. Rum-Rosinen dazugeben. Eiweiß zu steifem Schnee schlagen und vorsichtig unterheben.
Jeweils ein Viertel der Butter in einer Pfanne erhitzen und ein Viertel des Teiges darin bei schwacher Hitze von beiden Seiten goldgelb backen. Schmarrnportionen mit zwei Gabeln in große Stücke zerteilen und warm stellen.
Vor dem Servieren nochmals alle Schmarrnstücke in Butter kurz durchbraten, mit Puderzucker besieben und sofort zu Tisch geben.

Martha Mauerer, Leithen 16, 94086 Griesbach im Rottal

Kokosschmarrn mit Rumsoße

140 g Kokosraspeln
8 Eier, getrennt
60 g Zucker
¼ l Milch
1 Prise Salz
1 P. Vanillezucker
ca. 4 EL Butter

Soße:
¼ l Milch
60 g Zucker
1 P. Vanillezucker
2 Eigelb
3 EL Vanillepuddingpulver
oder Stärkemehl
6 EL Rum
4 EL Rosinen

Kokosraspeln im Backrohr hell rösten, dann abkühlen lassen. Eigelb mit Milch, Salz und Vanillezucker verrühren. Eiweiß zu steifem Schnee schlagen, Zucker einrieseln lassen und weiterschlagen, bis der Eischnee schnittfest ist. Eischnee und Kokosraspel vorsichtig unter die Eiermilch heben.
In einer Pfanne etwas Butter erhitzen, etwas Teig einfüllen und bei milder Hitze an der Unterseite goldgelb anbacken. Schmarrn wenden, grob zerteilen, etwas weiterbacken lassen, dann im vorgeheizten Backrohr bei 160 Grad kurz fertig garen. Unterdessen den Rest des Teiges auf die gleiche Weise verarbeiten. Schmarrn auf vorgewärmten Tellern mit Rumsoße servieren.
Für die Soße Puddingpulver oder Stärkemehl mit etwas kalter Milch anrühren, Eigelb dazugeben. Restliche Milch mit Zucker und Vanillezucker aufkochen lassen, angerührtes Puddingpulver einrühren, kurz aufkochen lassen, dann von der Kochstelle nehmen. Zuletzt Rum nach Belieben und die gewaschenen Rosinen in die Soße rühren.

CHRISTINE EICHHAMMER, HERRNSAALER RING 31, 93309 KELHEIM

Mandelschmarrn

175 g Weizenmehl
4 Eier, getrennt
75 g Zucker
1 Prise Salz
1 Becher Crème fraîche
abgeriebene Schale einer unbehandelten Zitrone
100 g abgezogene, gemahlene Mandeln
⅛ l Milch
40 g Butter oder Butterschmalz
40 g Mandelblättchen
Puderzucker zum Bestäuben

Mehl in eine Schüssel sieben, in die Mitte eine Vertiefung eindrücken.
Eigelb mit Zucker und Salz schaumig schlagen, nach und nach Crème fraîche,
Zitronenschale, gemahlene Mandeln und Milch unterrühren. Mandelmilch nach
und nach in die Mehlgrube geben, mit Hilfe eines Schneebesens gut mit dem
Mehl verrühren, damit keine Klumpen entstehen. Eiweiß steif schlagen und unter
den Teig ziehen.
Die Hälfte der Butter oder des Schmalzes in einer Pfanne erhitzen, die Hälfte des
Teiges hineingeben und bei geschlossenem Deckel an der Unterseite hell
anbacken lassen.
Den Schmarrn mit zwei Gabeln in kleinere Stücke zerteilen, 20 g Mandeln darüber
streuen und unter häufigem Wenden weiter hell bräunen lassen. Auf einer vorgewärmten Platte warm stellen und die zweite Hälfte des Teiges ebenso verarbeiten.
Mandelschmarrn nach Belieben mit Puderzucker bestäubt servieren.

REGINA HUBER, TRAUTMANNSRIED 7 B, 93471 ARNBRUCK

Mirabellenschmarrn

500 g Mirabellen
200 g Weizenmehl
100 g Instant-Haferflocken
1 Prise Salz
4 Eier, getrennt
ca. ¼ - ½ l Milch
Butterschmalz zum Backen
Puderzucker zum Bestäuben

Mirabellen waschen, entsteinen und vierteln.
Mehl mit Haferflocken vermischt in eine Schüssel geben, in die Mitte eine Vertiefung eindrücken. Eiweiß mit Salz zu steifem Schnee schlagen. Eigelb mit etwas Milch verquirlen und unter Rühren in die Mehlgrube geben. Nach Bedarf weitere Milch unterrühren und darauf achten, dass keine Klumpen entstehen. Eischnee unterziehen und Mirabellen unterheben.
Butterschmalz in einer Pfanne erhitzen, Teig portionsweise hineingeben, hell anbacken, dann wenden, auf der anderen Seite ebenfalls goldgelb backen, dann mit zwei Gabeln in Stücke reißen und unter häufigem Wenden zu Schmarrn fertig backen.
Vor dem Servieren nach Belieben mit Puderzucker bestäuben.

REGINA SCHANZER, HOLZBACH 4, 94081 FÜRSTENZELL

Quarkschmarrn

500 g Magerquark
4 Eier, getrennt
1 P. Vanillezucker
2 TL Zitronensaft
125 g Mehl
ca. ⅛ l Milch
1 Prise Salz
120 g Butterschmalz
Zucker und Zimt
Rosinen nach Belieben

Eier trennen, Eiweiß zu steifem Schnee schlagen, Vanillezucker und Zitronensaft dazugeben und weiterschlagen, bis der Eischnee schnittfest ist.
Quark mit Eigelb, Milch, Mehl und Salz verrühren, Eischnee unterheben. Etwas Butterschmalz in einer Stielpfanne erhitzen, einen Teil des Teiges hineingeben, nach Belieben Rosinen darüberstreuen. Pfanne mit Deckel schließen, Schmarrn auf der Unterseite hellgelb anbraten, dann wenden und mit zwei Gabeln in Stücke reißen. Unter häufigem Wenden weiter hell bräunen. Den restlichen Teig auf die gleiche Weise verarbeiten. Schmarrn vor dem Servieren mit Zucker-Zimt-Mischung bestreuen.
Die Menge ist als Hauptgericht für 4 Personen gerechnet, für eine Nachspeise kann entsprechend reduziert werden.

ROSEMARIE RINNER, NÖMAIERSTRASSE 3, 84567 ERLBACH

Rahmschmarrn

1 Becher Sauerrahm
100 g Mehl
1 Prise Salz
etwas geriebene Zitronenschale
1 P. Vanillezucker
3 Eier, getrennt
40 g Zucker
50 g Butter
Puderzucker zum Bestreuen

Sauerrahm, Mehl, Salz, Zitronenschale, Vanillezucker und Eigelb mit einem Schneebesen glatt verrühren. Eiweiß steif schlagen, Zucker einrieseln lassen, weiterschlagen, bis der Eischnee schnittfest ist. Eischnee unter den Teig heben. Butter in einer großen Pfanne erhitzen, Teig einfüllen und bei geringer Hitze hell anbacken. Sobald die Unterseite hellgelb gebräunt ist, Schmarrn wenden und in Stücke zerteilen.
Rahmschmarrn auf allen Seiten unter häufigerem Wenden goldgelb fertig backen oder im vorgeheizten Rohr bei 180 Grad ca. 10 Minuten fertig garen.
Mit Puderzucker bestreut auf vorgewärmten Tellern servieren.
Die Einsenderin serviert den Schmarrn gern mit Apfelkompott.

CHRISTA KRÖLL, UNTERE DORFSTRASSE 10, 94533 NINDORF/BUCHHOFEN

Reiberdatschi

1,5 kg Kartoffeln
⅛ l Sauerrahm
2 Eier
2 - 4 EL Mehl
etwas Salz
1 Zwiebel
Butterschmalz zum Backen

Kartoffeln waschen, schälen und reiben. Sofort mit Sauerrahm vermischen. Eier, Mehl und Salz dazugeben und gut verrühren. Zwiebel sehr fein hacken und untermengen.
Butterschmalz in einer Pfanne erhitzen. Teig löffelweise hineingeben und als flache Datschi auf beiden Seiten hellbraun und knusprig backen.
Die Einsenderin empfiehlt dazu jahreszeitgemäßes Kompott oder Sauerkraut.

Carola Schwirzinger, Josef-Froschauer-Strasse 19, 94447 Plattling

Reisschmarrn

1 l Milch
1 Prise Salz
1 EL Zucker
250 g Milchreis
3 - 4 Eier
80 g Zucker
1 P. Vanillezucker
½ TL Zimt
80 g Rosinen
100 g Butter

Milch mit Salz und 1 EL Zucker aufkochen, Milchreis 15 - 20 Minuten darin köcheln lassen, dann abkühlen. Butter in einer großen Auflaufform schmelzen.
Eier mit Zucker und Vanillezucker cremig rühren, Zimt, Rosinen und den abgekühlten Reis darunter mengen.
Reismasse in die Auflaufform geben und im Backrohr bei 175 Grad etwa 30 - 40 Minuten backen. Gegen Ende der Backzeit Reis mehrmals mit einer Gabel aufreißen oder mit der Backschaufel zerstoßen, damit er krümelig wird.

Birgitt Kurzböck, Ficht 4, 94107 Untergriesbach

Semmelschmarrn

8 geschnittene Semmeln
etwa ½ l Milch
3 Eier
1 Prise Salz
Butter oder Butterschmalz zum Braten
Zucker-Zimt-Mischung zum Bestreuen

Geschnittene Semmeln in eine Schüssel geben. Milch mit Eiern und Salz verrühren und über die Semmelscheibchen gießen. Etwa 30 Minuten ziehen lassen, dann alle Zutaten gut vermengen.
Fett in einer großen Pfanne erhitzen, Semmelmasse dazugeben und unter öfterem Wenden goldgelb backen. Schmarrn kann in einer kleineren Pfanne auch portionsweise gebacken werden.

Mit Zimt-Zucker bestreut servieren.

GERTRAUD BEYER, ALDERSBACHER STRASSE 5, 94501 WALCHSING

Strudel, Maultaschen

Apfelstrudel s. S. 128

Apfelmaultaschen aus Kartoffelteig

ca. 6 mittelgroße gekochte Kartoffeln
1 Ei
1 Prise Salz
ca. 150 g Mehl
1/8 l Sauerrahm
500 g Äpfel, fein geschnitten
50 g Rosinen
4 EL Zucker
½ TL Zimt
¼ l Sahne
Butterflöckchen

Gekochte Kartoffeln heiß durchpressen oder nach dem Abkühlen reiben, auf die Arbeitsfläche geben und in die Mitte eine Vertiefung eindrücken. Ei und Salz hineingeben und mit Mehl nach Bedarf zu einem glatten Teig verarbeiten. Aus dem Teig eine Rolle formen, in ca. 4 - 6 Stücke teilen und ausrollen.
Teigflecken mit Sauerrahm bestreichen und mit Apfelscheibchen und Rosinen belegen. Zimt und Zucker mischen und darüberstreuen. Maultaschen aufrollen, in eine gut gefettete Form setzen und mit Sahne übergießen. Butterflöckchen darauf verteilen. Auf der mittleren Schiene im vorgeheizten Backrohr etwa 35 Minuten goldgelb backen.

ALEXANDRA GRUNDNER, NIEDERHARTER STRASSE 10 A, 94034 PASSAU

Apfelstrudel aus Quark-Mürbteig

250 g Mehl
250 g Butter
250 g Quark
1 Prise Salz

Fülle:
750 g Äpfel
2 EL Zitronensaft
80 g Zucker
1 P. Vanillezucker
80 g Rum-Rrosinen

80 g gemahlene Nüsse oder Mandeln
1 Ei und 1 EL Sahne zum Bestreichen

Mehl auf die Arbeitsfläche sieben, salzen, in die Mitte eine Vertiefung eindrücken, Quark hineingeben, kalte Butterflöckchen dazugeben und alles rasch zu einem glatten Teig verkneten. Teig in Hälften teilen, in Klarsichtfolie wickeln und etwa 1 Stunde kalt stellen.
Äpfel schälen, feinblättrig schneiden, mit Zitronensaft beträufeln und mit Zucker, Vanillezucker und Rum-Rosinen mischen.
Teighälften zu Rechtecken ausrollen, mit jeweils 40 g gemahlenen Nüssen oder Mandeln bestreuen und mit der Hälfte der Apfelfülle belegen. Strudel aufrollen, auf ein mit Backpapier belegtes Blech legen und Ränder etwas andrücken.
Ei mit Sahne verquirlen und die Strudel damit bestreichen. Bei 175 Grad etwa 35 - 40 Minuten goldgelb backen.
Die Strudel schmecken am besten frisch aus dem Backofen, nach Belieben mit Puderzucker bestäubt.

MATHILDE MAYRHOFER, IRMINSWINDSTRASSE 26, 94094 ROTTHALMÜNSTER

Blätterteig-Apfelstrudel

1 P. Tiefkühl-Blätterteig (450 g)
ca. 3 - 4 säuerliche Äpfel
250 ml Orangensaft
1 P. Vanillepudding
80 g Zucker
1 P. Vanillezucker
1 Prise Zimt
40 g Rum-Rosinen
40 g gemahlene Mandeln
2 EL Schmand (oder Sauerrahm)
50 g Kuchen- oder Semmelbrösel
1 Ei, getrennt, zum Bestreichen

Blätterteigscheiben auftauen lassen (am besten bereits auf Backpapier in Back-blechgröße), dann überlappend aufeinander legen und die Ränder mit verquirltem Eiweiß bestreichen.
Äpfel schälen, vom Kernhaus befreien und in kleine Würfel oder Scheiben schnei-den. Vanillepuddingpulver mit etwas Orangensaft anrühren, restlichen Orangen-saft in einem Topf aufkochen lassen, von der Kochstelle nehmen und das angerührte Puddingpulver unter Rühren dazugeben. Zucker, Vanillezucker, Zimt und Apfel untermengen und einmal aufkochen lassen. Rum-Rosinen, Mandeln und Schmand unterrühren. Masse etwas abkühlen lassen, dann auf der mit Brö-seln bestreuten Blätterteigplatte verteilen. Ränder frei lassen und nach innen klappen. Blätterteig mit Hilfe des Backpapiers aufrollen oder zu einem Strudel zusammenklappen und auf ein Blech legen.
Strudel an der Oberseite mit einem scharfen Messer mehrmals schräg einritzen, damit der Dampf entweichen kann. Mit verquirltem Eigelb bestreichen und im vorgeheizten Backrohr bei 175 Grad etwa 35 Minuten backen.

MARIANNE STEINER, ENTHOF 1, 94149 KÖSSLARN

Erdäpfelstrudel

250 g Mehl
2 EL Öl
1 Ei
⅛ l Wasser
1 TL Essig
1 Prise Salz

Vanillemilch:
¼ l Milch
1 P. Vanillezucker

40 g zerlassene Butter
zum Bestreichen

Fülle:
300 g gekochte, durchgedrückte
Erdäpfel (Kartoffeln)
80 g Zucker
80 g Butter
2 Eier, getrennt
1 Prise Salz
50 g gemahlene Mandeln
50 g Rum-Rosinen
abgeriebene Schale einer Zitrone
⅛ l saure Sahne

Mehl auf die Arbeitsfläche sieben, in die Mitte eine Grube eindrücken, Öl, Ei, Salz, Essig und lauwarmes Wasser nach Bedarf dazugeben und alle Zutaten rasch zu einem geschmeidigen Teig verarbeiten. Teig mit etwas Öl bepinseln und unter einer angewärmten Schüssel etwa 1 Stunde ruhen lassen.
Teig ausrollen, dann auf einem bemehlten Tuch dünn ausziehen, dicke Ränder dabei vermeiden.
Eiweiß zu Schnee schlagen. Butter, Zucker und Eigelb schaumig rühren, Salz, Mandeln, Rum-Rosinen, Zitronenschale und saure Sahne untermengen. Durchgedrückte Kartoffeln locker unterheben. Eischnee unterziehen.
Ausgezogenen Strudelteig mit Butter bestreichen, Kartoffelmasse darauf verteilen. Ränder einschlagen, Strudel aufrollen und in eine gefettete Auflaufform oder Reine setzen. Mit zerlassener Butter bestreichen, im Backrohr bei 180 Grad 25 Minuten backen, dann mit Vanillemilch übergießen und weiter backen, bis die Milch eingezogen ist. Für die Vanillemilch Milch mit Vanillezucker aufkochen. Erdäpfelstrudel heiß, nach Belieben mit Vanillesoße, servieren.

MONIKA GABRIEL, MOOSHAM 19, 94496 ORTENBURG

Frischkäse-Früchte-Strudel

300 g Mehl
1 Prise Salz
ca. 150 ml lauwarmes Wasser
2 EL Öl
1 Ei

Füllung:
250 g Frischkäse
4 Eigelb
100 g weiße Weintrauben

100 g blaue Weintrauben
2 Äpfel
2 Birnen
2 EL Rosinen
100 g gehackte Walnüsse
1 Prise Zimt
ca. 80 g Zucker (nach Süße der Früchte)
1 EL Zitronensaft
Butter zum Bestreichen

Mehl in eine Schüssel sieben, in die Mitte eine Grube eindrücken, Salz, Öl, Ei und lauwarmes Wasser nach Bedarf dazugeben und alle Zutaten rasch zu einem geschmeidigen Teig verarbeiten. Teig mit der Hand in der Schüssel oder auf der Arbeitsfläche kräftig abschlagen, bis er sich von der Unterlage löst und elastisch und zart ist.
Teig mit etwas Öl bepinseln und zugedeckt etwa 1 Stunde ruhen lassen.
Frischkäse mit Eigelb glattrühren. Weintrauben halbieren, Äpfel und Birnen klein schneiden und mit den Rosinen und Walnüssen unter die Käsemasse mengen. Mit Zimt, Zucker und Zitronensaft abschmecken.
Strudelteig auf der leicht bemehlten Arbeitsfläche so dünn wie möglich ausrollen, dann über den Handrücken dünn ausziehen, dicke Ränder dabei vermeiden. Strudelteig auf einem Tuch ausbreiten, die Fülle gleichmäßig darauf verteilen, Ränder einschlagen und den Strudel mit Hilfe des Tuches aufrollen. Strudel auf ein gefettetes Backblech gleiten lassen, mit zerlassener Butter bestreichen und bei 200 Grad etwa 40 Minuten backen. Während des Backens mehrmals mit Butter bestreichen. Die Einsenderin empfiehlt dazu Rotwein-Schaumsoße.

ANITA HUNDSRUCKER, MAINBERG 8, 94439 ROSSBACH

Gremmel-Maultaschen

500 g Mehl
1 Würfel Hefe
ca. ⅛ l lauwarme Milch
1 EL Zucker
1 TL Salz
50 g Butter
2 Eier

ca. ¼ l Milch zum Übergießen
ca. 250 g Gremmel (Grieben)

Gremmel (Grieben) sind der Rückstand, der beim Auslassen von Schweinefett (Schweinenieren- und -rückenfett) entsteht. Sie fallen heute im Haushalt (Hausschlachtung) nur noch sehr begrenzt an, sind aber in Metzgereien und Bauernläden erhältlich.

Mehl in eine Schüssel sieben, in die Mitte eine Vertiefung eindrücken. Zerbröselte Hefe mit 1 EL Zucker und etwas lauwarmer Milch zu einem Teiglein verrühren, in die Mehlgrube geben, mit etwas Mehl verrühren und mit 1 EL Mehl bestäuben. Zugedeckt etwa 15 Minuten gehen lassen, dann restliche zimmerwarme Zutaten dazugeben und alles zu einem glatten Teig verarbeiten. Nochmals zugedeckt lauwarm in der Schüssel gehen lassen.
Von dem gegangenen Teig mit dem Löffel Stücke abstechen, wie Rohrnudeln formen, in die Mitte jeweils 1 - 2 EL Grieben geben, länglich nachformen und wie Maultaschen in eine gefettete Reine setzen. Nochmals warm gehen lassen, dann mit lauwarmer Milch begießen, bis die Maultaschen etwa bis zur Hälfte bedeckt sind. Bei 175 Grad etwa 35 Minuten backen, bis die Milch eingezogen und die Maultaschen goldgelb gebacken sind.

ANNELIESE SCHÜLLER, KROISSEN 2, 94542 HAARBACH

Heidelbeer-Reinstritzel

350 g Mehl
1 Ei
1 Prise Salz
3 EL Sauerrahm
100 g weiche Butter
500 g Heidelbeeren
6 gestrichene EL Zucker

Mehl auf die Arbeitsfläche geben, in die Mitte eine Vertiefung eindrücken. Ei, Salz, Sauerrahm hineingeben und mit etwas Mehl verrühren. Butterflöckchen dazugeben und alles zu einem glatten Teig verkneten. Teig kurz kalt ruhen lassen. Heidelbeeren verlesen, kurz mit kaltem Wasser überbrausen, dann abtropfen lassen.
Teig in 6 Stücke teilen, jeweils mit dem Nudelholz ausrollen. Auf eine Hälfte der Teigplatten jeweils ⅙ der Heidelbeeren geben und 1 EL Zucker drüber streuen. Die andere Hälfte der Teigflecken drüber schlagen und die Ränder gut andrücken. Stritzel etwas übereinander in eine gut gefettete Reine legen und bei 180 Grad etwa 30 Minuten backen.

JOHANNA PRECHT, DORNHOF 11, 94259 KIRCHBERG

Millirahmstrudel mit Quarkfülle

250 g Mehl
1 Ei
1 Prise Salz
2 EL Öl
ca. 100 ml lauwarmes Wasser

Füllung:
100 g Butter
100 g Puderzucker
3 Eier, getrennt
1 EL Zitronensaft
250 g Quark
200 g Sauerrahm
100 g Rum-Rosinen
etwas zerlassene Butter zum Besteichen

Guss:
300 ml Milch
2 Eigelb
30 g Zucker
1 P. Vanillezucker
Butter für die Form

Mehl auf die Arbeitsfläche sieben, in die Mitte eine Vertiefung eindrücken, Salz, Öl, Wasser und Ei dazugeben und alle Zutaten rasch zu einem geschmeidigen Teig verarbeiten. Teig mit etwas Öl bepinseln und unter einer angewärmten Schüssel etwa 30 Minuten ruhen lassen.
Für die Füllung Butter, Puderzucker und die 3 Eigelb cremig rühren, Quark und Sauerrahm untermengen. Eiweiß steif schlagen, Zitronensaft zugeben und Eischnee schnittfest schlagen. Rosinen unter die Quarkcreme mengen, Eischnee unterziehen.
Strudelteig ausrollen, dann sehr dünn ausziehen, mit wenig zerlassener Butter bestreichen und die Quarkfülle darauf verteilen. Strudel aufrollen und in eine gut gebutterte Reine legen.
Für den Guss Milch mit Eigelb, Zucker und Vanillezucker verquirlen und 1/3 davon über den ungebackenen Strudel gießen. Strudel im vorgeheizten Backrohr bei 180 Grad etwa 40 Minuten backen, nach etwa 20 Minuten Backzeit restlichen Guss über den Strudel gießen.

Ella Reitberger, Gartenweg 1, 94142 Fürsteneck

Kartoffelmaultaschen mit Apfel-Quark-Fülle

800 g mehlig kochende Kartoffeln
2 Eigelb
1 Prise Salz
1 Prise Muskat
ca. 120 g Mehl

Füllung:
4 mittelgroße Äpfel
150 g Magerquark
120 g Zucker
½ TL Zimt
100 g Rum-Rosinen
100 g gemahlene Haselnüsse

100 g geschmolzene Butter zum
Bestreichen
Puderzucker nach Belieben

Geschälte, gekochte Kartoffeln heiß durch eine Presse drücken und abkühlen lassen.
Äpfel schälen, entkernen, vierteln und in feine Scheibchen schneiden. Mit Quark, Zucker, Zimt, Rum-Rosinen und Haselnüssen vermengen.
Abgekühlte Kartoffeln mit Eigelb, Salz, Muskat und Mehl zu einem glatten Teig verarbeiten. Teig zu einer Rolle formen, in ca. 8 Stücke teilen und diese etwa ½ cm dick ausrollen.
Füllung auf den Teigplatten verteilen, diese aufrollen und nebeneinander in eine gut gebutterte Reine oder Auflaufform setzen. Mit geschmolzener Butter bestreichen. Maultaschen im vorgeheizten Backrohr bei 175 Grad etwa 35 Minuten backen. Vor dem Servieren nach Belieben mit Puderzucker bestäuben.

Anita Hundsrucker, Mainberg 8, 94439 Rossbach

Kürbis-Quark-Maultaschen

200 g Mehl
2 Eier
1 Eigelb
1 Prise Salz
1 EL Öl

Fülle:
150 g eingelegter Kürbis
100 g Magerquark
1 Prise Pfeffer

1 Prise Salz
1 Prise Zucker
1 TL Essig
50 g Semmelbrösel

1 Ei zum Bestreichen
Salzwasser zum Kochen
etwas Butter zum Braten
1 MSp Muskatnuss
Salz, Pfeffer

Mehl auf die Arbeitsfläche sieben, in die Mitte eine Vertiefung eindrücken, Salz, Öl, Eier und Eigelb dazugeben und alle Zutaten rasch zu einem geschmeidigen Teig verarbeiten. Teig mit etwas Öl bepinseln und unter einer angewärmten Schüssel etwa 30 Minuten ruhen lassen.

100 g Kürbisfleisch im Mixer pürieren und unter den in einem Sieb gut abgetropften Quark rühren. Mit Salz, Pfeffer, Zucker und Essig gut abschmecken, dann die Semmelbrösel darunter rühren.

Teig ca. 2 mm dick ausrollen, in zwei große Platten teilen, Platten mit verquirltem Ei bestreichen. Auf eine Teigplatte in Abständen von ca. 4 cm jeweils einen Teelöffel der Kürbis-Quark-Füllung setzen. Mit der zweiten Teigplatte bedecken und rund um die Füllung Teig mit den Fingern gut zusammendrücken. Mit dem Teigrädchen Quadrate um die Füllung ausrädeln. Ränder nochmals mit einer Gabel gut andrücken.

Die Maultaschen in reichlich kochendem Salzwasser portionsweise ca. 5 Minuten garen, mit einem Schaumlöffel herausnehmen und abtropfen lassen.

Butter in einer Pfanne schmelzen und die abgetropften Maultaschen darin kurz goldgelb braten.

Restliches Kürbisfleisch fein würfeln, mit Salz, Pfeffer und Muskat würzen, in der Pfanne kurz schwenken und über die Maultaschen geben.

Maria Absmayer, Rottalstrasse 21, 94086 Griesbach-Karpfham

Rahm-Apfelstrudel

375 g Mehl
2 Eier
1 Prise Salz
4 EL Öl
lauwarmes Wasser nach Bedarf

4 EL Sauerrahm
300 ml süße Sahne
150 g Butter
Puderzucker zum Bestäuben

Fülle:
750 g Äpfel
100 g Zucker
1 TL Zimt

Mehl auf die Arbeitsfläche sieben, in die Mitte eine Grube eindrücken, Eier, Salz, Öl und lauwarmes Wasser nach Bedarf dazugeben und alle Zutaten rasch zu einem geschmeidigen Teig verarbeiten. Teig zu einer Rolle formen, 30 Minuten zugedeckt ruhen lassen.
Äpfel schälen, fein schneiden und mit Zucker und Zimt vermischen. Teig in 8 Stücke teilen und ausrollen. Strudelplatten mit etwas Sauerrahm bestreichen, mit Apfelfülle belegen und aufrollen.
Butter in der Sahne schmelzen, 2/3 der Flüssigkeit in eine tiefe Reine oder Auflauf-form gießen und die Strudel hineinsetzen. Im vorgeheizten Rohr bei 180 Grad etwa 25 Minuten backen, dann die restliche Sahne darübergießen und fertig garen.

ERIKA STROHMAIER, FERSTLSTRASSE 15, 94447 PLATTLING

Reindling

375 g Mehl
30 g Hefe
ca. ⅛ l lauwarme Milch
80 g Zucker
1 Prise Salz
80 g zerlassene Butter

Belag:
50 g Rosinen
500 g Äpfel
80 g Zucker
1 P. Vanillezucker
½ TL Zimt

Guss:
¼ l saure Sahne
2 Eier

Mehl in eine Schüssel geben, in die Mitte eine Mulde eindrücken, Hefe hinein-bröckeln, mit etwas Milch und Mehl zu einem Teiglein verrühren. Zugedeckt an einem warmen Ort etwa 20 Minuten gehen lassen, dann mit restlichen Teigzuta-ten und Milch nach Bedarf zu einem glatten Teig verkneten. Teig durcharbeiten, bis er sich vom Schüsselrand löst, dann auf einer bemehlten Arbeitsfläche etwa ½ cm dick zu einem Rechteck ausrollen.
Äpfel schälen, grob raspeln, mit gewaschenen Rosinen, Zucker, Vanillezucker und Zimt vermischen und auf der Teigplatte verteilen. Teigplatte von der Längsseite her aufrollen und schneckenförmig in eine gut gefettete Reine oder Auflaufform legen. Saure Sahne mit Eiern verquirlen und über den Reindling gießen.
Bei 175 Grad etwa 35 Minuten backen.
Reindling heiß in der Form (mit Vanillesoße) servieren.
Tipp der Einsenderin: Der Reindling schmeckt auch erkaltet mit Schlagsahne zum Kaffee.

Herlinde Angloher, Kolpingstrasse 10, 84513 Töging

Rhabarberstrudel

300 g Mehl
4 EL Öl
2 EL Essig
1 Ei
ca. ⅛ l Wasser

Fülle:
750 g Rhabarber
100 g Semmelbrösel
40 g Butter
40 g geschmolzene Butter zum Bestreichen
1 Becher Sauerrahm
180 g Zucker
1 TL Zimt

Mehl auf die Arbeitsfläche sieben, in die Mitte eine Grube eindrücken, Öl, Essig, Ei, und lauwarmes Wasser nach Bedarf dazugeben und alle Zutaten rasch zu einem geschmeidigen Teig verarbeiten. Teig in zwei Hälften teilen, zu Kugeln formen, mit etwas Öl bepinseln und unter einer angewärmten Schüssel etwa 1 Stunde ruhen lassen.
Teigkugeln ausrollen, dann auf einem bemehlten Tuch dünn ausziehen.
Rhabarber waschen, abziehen und in 1 cm große Stücke schneiden. Semmelbrösel in Butter rösten. Teigplatten mit flüssiger Butter und Sauerrahm bestreichen, mit den gerösteten Semmelbröseln bestreuen, Rhabarberstücke darauf verteilen, Zucker mit Zimt mischen und darüber streuen. Strudel aufrollen und mit dem Teigrand nach unten in eine gut gefettete Reine setzen.
Im vorgeheizten Backofen bei 180 Grad auf der unteren oder mittleren Schiene etwa 40 Minuten backen. Strudel vor dem Servieren etwas ruhen lassen, damit der Saft einziehen kann.

Eva Aschl-Gruber, Hans-Goltz-Weg 12, 81247 München

Topfenstrudel

200 g Mehl
1 Ei
1 EL ÖL
ca. 3 EL lauwarmes Wasser

Fülle:
3 Eier, getrennt
1 Prise Salz
500 g Topfen (20% Fett) (Quark)
½ P. Vanillezucker
100 g Zucker
80 g geschmolzene Butter

50 g Rum-Rosinen
abgeriebene Schale ½ Zitrone
2 EL Semmelbrösel
etwas zerlassene Butter

Eiermilch:
⅛ l Milch
1 Eigelb
1 EL Zucker
½ P. Vanillezucker

Mehl hügelartig auf die Arbeitsplatte sieben, in die Mitte eine Mulde drücken, Ei und Öl hineingeben, mit Mehl verkneten und Wasser nach Bedarf zufügen. Alle Zutaten zu einem glatten Teig mittelfester Beschaffenheit verarbeiten und mit den Handballen kräftig durcharbeiten. Teig halbieren, zu zwei Kugeln formen, mit etwas Öl bepinseln und unter einer angewärmten Schüssel 30 Minuten ruhen lassen.
Eiweiß mit etwas Salz steif schlagen. Topfen mit Butter, Zucker, Vanillezucker und Eigelb verrühren. Rum-Rosinen und abgeriebene Zitronenschale dazugeben, zuletzt den Eischnee unterziehen.
Strudel dünn ausrollen, dann auf einem bemehlten Tuch sehr dünn ausziehen. Jede Teigplatte mit etwas zerlassener Butter bestreichen, mit 1 EL Semmelbrösel bestreuen und die Hälfte der Fülle darauf verteilen. Ränder dabei frei lassen, dann einschlagen und die Strudel aufrollen. In eine gefettete Form setzen, mit Butter bestreichen und bei 180 Grad etwa 40 Minuten backen.
Für die Eiermilch Milch mit Eigelb, Zucker und Vanillezucker verquirlen. Strudel 15 Minuten vor Ende der Backzeit damit übergießen.

INGE BAUER, VOLLERDING 5 A, 94113 TIEFENBACH

Wespennester

750 g Kartoffeln
ca. 250 g Mehl
½ TL Salz
1 Ei

Fülle:
⅛ l Sauerrahm
750 g Äpfel, fein geschnitten
80 g Zucker
50 g Rosinen

Butter für die Form
⅛ l Milch
3 EL Sauerrahm

Kartoffeln dämpfen, schälen, heiß durchpressen und erkalten lassen. Mit Mehl abbröseln, Salz und Ei dazugeben und alles rasch zu einem glatten Teig kneten. Teig zu einer Rolle formen, Scheiben abschneiden und zu Platten ausrollen. Teigplatten mit Sauerrahm bestreichen, Apfelscheibchen mit Zucker und Rosinen mischen und darauf verteilen. Die belegten Teigflecken aufrollen, in ca. 5 cm dicke Scheiben schneiden und diese mit der Schnittfläche nach oben in eine gut gefettete Auflaufform oder Reine setzen. Bei 180 Grad etwa 15 Minuten backen, dann Milch darübergießen und weitere 20 Minuten backen. Kurz vor Ende der Backzeit Sauerrahm darauf verteilen und die Wespennester knusprig fertig backen.

Variation: Die Wespennester können statt mit Milch und Sauerrahm auch mit Eiersahne verfeinert werden.
Anita Blöchl, Kreuzberg 117, 94078 Freyung, übergießt ihre „Wois`nnester" nach 20 Minuten Backzeit mit einer Mischung aus 4 Eiern und 100 ml Sahne und bestreut sie vor dem Servieren mit Zucker.

ROSA EGGERSTORFER, KLEINGSENGET 31, 94089 NEUREICHENAU

Zwiebelröhrl-Maultaschen

500 g Mehl
5 EL Öl
1 - 2 Eier
1 Prise Salz
ca. 100 ml lauwarmes Wasser

Fülle:
1 Bund Schnittlauch
ca. 250 g grüne Zwiebelröhren
150 g Quark
1 Becher Sauerrahm
Salz, Pfeffer

Butter für die Form
¼ l Milch

Mehl auf die Arbeitsfläche sieben, in die Mitte eine Vertiefung eindrücken. Öl, Eier, Salz und lauwarmes Wasser nach Bedarf hineingeben und alle Zutaten zu einem glatten Teig verarbeiten. Teig zu einer Rolle formen, in 8 - 10 Stücke teilen und ausrollen.
Schnittlauch und Zwiebelröhren waschen, in feine Röllchen schneiden, mit Quark und Sauerrahm vermischen und mit Salz und Pfeffer abschmecken. Fülle auf den Teigplatten verteilen. Maultaschen aufrollen und nebeneinander in eine gut gebutterte Reine oder Auflaufform setzen. Mit Milch begießen und im vorgeheizten Rohr bei 175 Grad etwa 35 Minuten goldgelb backen.
Die Einsenderin empfiehlt dazu Buttermilch oder sauere (g'stöckelte) Milch.

THERESIA HERZOG, ZAMETZERSTEIG 15, 94151 FINSTERAU

❦ Allerlei Schmankerl ❦

Thyrnauer Rosen s.S. 157

Bauernkrapfen

1 kg Mehl
1 Würfel Hefe
1 TL Salz
3 EL Zucker
2 Eier
ca. ½ l Milch
50 g weiche Butter

reichlich Butterschmalz zum Backen

Mehl in eine Schüssel sieben, in die Mitte eine Vertiefung eindrücken. Zerbröckelte Hefe hineingeben, mit etwas Zucker bestreuen und mit wenig Milch anrühren. Zugedeckt lauwarm gehen lassen. Restlichen Zucker, Salz, Eier und zerlassene Butter dazugeben und mit Milch nach Bedarf zu einem weichen Teig verarbeiten. Teig schlagen oder kneten, bis er glatt ist und Blasen wirft. Zugedeckt nochmals 1 Stunde gehen lassen.

Mit einem Eßlöffel Teig-Stücke in Eigröße abstechen, zu Kugeln formen und auf einem bemehlten Brett 30 Minuten gehen lassen. Butterschmalz in einem Topf erhitzen. Teigkugeln in der Mitte dünn zu Krapfen (Kücheln) ausziehen und schwimmend im heißen Fett auf beiden Seiten backen.
Nach Belieben können auch Rosinen unter den Teig gemischt werden.

Rosa Holzhammer sen., Steinhügl 82 1/3, 94081 Fürstenzell

Dinkelstangen

500 g Dinkelmehl
1 TL Salz
1 Würfel Hefe
4 EL Sauerrahm
100 g Butter
Wasser nach Bedarf

Fülle:
2 Zwiebeln
2-3 Knoblauchzehen
1 Handvoll gemischte Kräuter
(Schnittlauch, Petersilie, Thymian,
Oregano, Rosmarin)
100 g Butter
Salz, Pfeffer
1 Becher Sauerrahm oder Schmand
100 g geriebener Käse

Mehl auf die Arbeitsfläche sieben, in die Mitte eine Vertiefung eindrücken. Salz, kalte Butter in Flöckchen und mit Sauerrahm verrührte Hefe dazugeben. Alle Zutaten mit Wasser nach Bedarf zu einem glatten Teig verkneten. Teig zugedeckt gehen lassen.
Für die Fülle Zwiebeln und Knoblauchzehen fein würfeln und in Butter anbraten. Kräuter fein schneiden, zu den Zwiebeln geben und ebenfalls andünsten. Fülle mit Salz und Pfeffer abschmecken.
Gegangenen Teig zu einem Rechteck ausrollen, mit Sauerrahm oder Schmand bestreichen und eine Hälfte der Teigplatte mit Kräuterfülle belegen und mit dem geriebenen Käse bestreuen. Die andere Teighälfte darüber klappen und mit der Hand gut andrücken. Mit einem Teigrädchen oder Messer Streifen schneiden, diese zu gedrehten Stangen formen und auf ein mit Backpapier belegtes Blech legen. Bei 175 Grad etwa 20 Minuten backen.

BERNADETTE STAUDINGER, DONAUSTRASSE 8, 94365 REIBERSDORF

Gebackene Zelten

375 g Mehl
2 TL Backpulver
100 g kalte Butter
100 g Zucker
100 g geschälte, gemahlene Mandeln
3 Eier
etwas abgeriebene Zitronenschale
2 EL Sauerrrahm

Butterschmalz zum Backen
Puderzucker zum Bestäuben

Mehl mit Backpulver vermischt auf ein Backbrett oder auf die Arbeitsfläche sieben. In die Mitte eine Vertiefung eindrücken.
Zucker, Mandeln, Eier, Zitronenschale und Sauerrahm hineingeben, Butter in Flöckchen dazugeben. Alle Zutaten rasch zu einem glatten Teig verkneten.
Teig etwa 30 Minuten kalt stellen, dann ca. 1/2 cm dick ausrollen und mit einem Teigrädchen Rauten ausradeln.
Backfett erhitzen, Zelten auf beiden Seiten goldgelb backen. Auf Küchenkrepp abtropfen lassen und vor dem Servieren nach Belieben mit Puderzucker bestäuben.

PETRA MAIER, STOCKA 1, 84378 DIETERSBURG

Kartoffelhörnchen mit Marmelade

300 g Mehl
30 g Hefe
3 - 4 EL Milch
2 Eier
50 g Zucker
1 Prise Salz
50 g weiche Butter
ca. 200 g gekochte, geriebene Kartoffeln
Marmelade zum Füllen
Zuckerguss nach Belieben

Hefe mit etwas lauwarmer Milch anrühren. Mehl in eine Schüssel sieben, in die Mitte eine Vertiefung eindrücken. Die angerührte Hefe hineingeben, mit etwas Mehl vermengen. Salz, Zucker, Butter, Eier und die geriebenen Kartoffeln dazugeben und alle Zutaten zu einem glatten Teig verkneten.
Teig zugedeckt lauwarm gehen lassen, dann auf der bemehlten Arbeitsfläche nicht zu dünn ausrollen und in Quadrate von 8 - 1 0 cm Kantenlänge schneiden. Auf eine Ecke der Quadrate jeweils etwas Marmelade geben, zu Hörnchen zusammenrollen und auf einem mit Backpapier belegten Blech nochmals gehen lassen. Bei 175 Grad etwa 25 Minuten backen. Nach Belieben mit Zuckerguss bestreichen.

MARTHA BERGER, KÜHNHAM 12, 94060 POCKING

Mohnbeugerl

500 g Weizen(vollkorn)mehl
1 Prise Salz
100 g weiche Butter
1 Würfel Hefe
3 EL Zucker
ca. ⅛ l Milch
3 Eier

Fülle:
ca. ⅛ l Milch
50 g Butter
200 g gemahlener Mohn
etwas Zimt
etwas abgeriebene Zitronenschale
1 TL Kakao
1 P. Vanillezucker
100 g Honig
1 Ei
1 Eigelb zum Bestreichen

Mehl in eine Schüssel sieben, in die Mitte eine Vertiefung eindrücken. Zerbröckelte Hefe hineingeben, mit etwas Zucker bestreuen und mit wenig Milch anrühren. Zugedeckt lauwarm gehen lassen. Restlichen Zucker, Salz, Eier und zerlassene Butter dazugeben und mit Milch nach Bedarf zu einem glatten Teig verarbeiten. Teig kneten, bis er glatt ist und Blasen wirft, dann an einem warmen Ort zugedeckt gehen lassen.
Für die Fülle Milch mit Butter zum Kochen bringen, gemahlenen Mohn unter Rühren hineingeben, aufkochen und etwas quellen lassen. Vom Feuer nehmen, Zimt, Zitronenschale, Kakao, Vanillezucker und Honig dazugeben. Masse abkühlen lassen, dann das Ei unterrühren.
Gegangenen Hefeteig etwa 3 mm dick ausrollen, in Vierecke schneiden und die abgekühlte Mohnmasse darauf verteilen. Vierecke zu Beugerln aufrollen, auf ein mit Backpapier belegtes Blech setzen, mit verquirltem Eigelb bestreichen und bei 175 Grad etwa 25 - 30 Minuten backen.

ERIKA WAGNER, ATZLDORF 19, 94142 FÜRSTENECK

Quarkbrötchen

250 g Mehl
1 P. Backpulver
1 Prise Salz
1 Ei
250 g Quark
2 EL geschmolzene Butter
etwas Milch nach Bedarf
50 g Rosinen
1 Eigelb zum Bestreichen

Mehl mit Backpulver vermischt in eine Schüssel geben. In die Mitte eine Vertiefung eindrücken, Salz, Ei, Quark und Butter hineingeben und alles zu einem glatten Teig verkneten. Nach Bedarf Milch zufügen, Rosinen unterkneten.
Teig kurz an einem kühlen Ort ruhen lassen, dann zu einer Rolle formen.
Stücke abschneiden, zu Brötchen formen, diese auf ein mit Backpapier belegtes Blech setzen und mit etwas verquirltem Eigelb bestreichen.
Im vorgeheizten Backrohr bei 175 Grad etwa 20 - 25 Minuten backen.

GERTRAUD LINDINGER, AURETSDOBL 4, 94094 ROTTHALMÜNSTER

Quittenbrot

1 kg Quitten oder
Quitten-Rückstände von der Geleezubereitung
1 kg Gelierzucker (1 : 1)
etwas Zimt
2 P. Vanillezucker
Öl für das Blech
nach Belieben Hagelzucker zum Bestreuen

Quitten mit einem Tuch abreiben, Blüte und Stiel entfernen, in Stücke schneiden
und leicht mit Wasser bedeckt weich kochen.
Für die Geleezubereitung einige Stunden stehen lassen, dann Saft durch ein Tuch
abgießen und mit Gelierzucker weiter verarbeiten.
Gekochte Quitten (mit der "flotten Lotte") durchpassieren, in einen Topf mit
großem Durchmesser geben und unter ständigem Rühren bei mäßiger Hitze aufkochen lassen. Gelierzucker, Zimt und Vanillezucker dazugeben und unter weiterem Rühren (Spritzgefahr!) zu einem dicken Brei kochen.
Masse auf ein geöltes Backblech oder in geölte Auflaufformen streichen und erkalten lassen. Mit einem dünnen, luftdurchlässigen Küchentuch abdecken und an
einem kühlen, luftigen Ort trocknen lassen. Wenn die Oberfläche gut angetrock-
net ist, Quittenbrot in kleine Rhomben schneiden, nach Belieben in Hagelzucker
wenden und in gut verschließbaren Gläsern kühl aufbewahren.

EVA ASCHL-GRUBER, HANS-GOLTZ-WEG 12, 81247 MÜNCHEN

Rosinenpudding mit Weinschaumsoße

50 g Mandelstifte
50 g grob gehackte Walnüsse
50 g Rosinen
4 cl brauner Rum
4 Eier, getrennt
75 g weiche Butter
50 g Zucker
je 1 MSp Kardamom, Zimt, Nelken
1 TL Kakao
50 g Semmel- oder Kuchenbrösel

Weinschaumsoße:
300 ml Weißwein
1 Eigelb
1 Eiweiß
50 g Zucker
1 P. Vanillezucker
1–2 EL Vanillepuddingpulver
100 ml Apfelsaft
80 g Zucker

Mandelstifte, Walnüsse und Rosinen mit Rum begießen. Eier trennen, Eiweiß zu steifem Schnee schlagen. Butter mit Zucker schaumig rühren, Eigelb und Gewürze unter die Schaummasse rühren. Mandel-Nuss-Rosinen-Mischung und Semmelbrösel untermengen. Eischnee vorsichtig unter die Puddingmasse ziehen. Puddingform gut fetten und bröseln, Teig einfüllen (¾ voll), Form verschließen und im kochenden Wasserbad etwa 1 Stunde leise kochen lassen. Form aus dem Wasser nehmen, Deckel öffnen, 5 - 10 Minuten abdampfen lassen, dann auf eine heiße Platte stürzen und sofort servieren.
Für die Weinschaumsoße Puddingpulver mit Vanillezucker, 50 g Zucker und etwas Wein anrühren, Eigelb unterrühren. Restlichen Wein zum Kochen bringen, die angerührte Masse dazugeben und unter ständigem Rühren kurz aufkochen lassen. Soße erkalten lassen. Eiweiß mit Apfelsaft und Zucker im warmen Wasserbad schaumig aufschlagen und unter die erkaltete Soße heben.

SCHWESTER ELISABETH, ZISTERZIENSERINNEN-ABTEI ST. JOSEF, 94136 THYMAU

Savarin

250 g Mehl
½ Würfel Hefe
ca. ⅛ l Milch
30 g weiche Butter
30 g Zucker
1 P. Vanillezucker
1 Prise Salz
2 Eier

ca. 60 g Aprikosenmarmelade
800-g-Dose Pfirsiche mit Saft
2 EL Kirschwasser oder Rum
1 EL Zitronensaft
2 EL Weißwein
1 P. Vanillezucker

Lauwarme Milch, Butter, Zucker, Vanillezucker, Salz und Mehl in eine hohe Schüssel geben, Hefe darüber bröseln, Eier dazugeben. Alle Zutaten mit dem elektrischen Knethaken zuerst auf niedriger, dann auf höchster Schaltstufe so lange kneten, bis ein gleichmäßiger Teig entsteht, der sich vom Schüsselrand löst. Teig soll nicht zu fest sein, sonst etwas Milch zugeben.
Teig zugedeckt lauwarm gehen lassen, dann in eine gut gebutterte, bemehlte Kranzform füllen und bei 175 Grad etwa 40 Minuten backen.
Hefering vorsichtig auf eine tiefe Platte stürzen. Pfirsiche abtropfen lassen, Saft auffangen und mit Kirschwasser oder Rum, Zitronensaft, Weißwein und Vanillezucker abschmecken und erhitzen. Hefering mit der Flüssigkeit tränken, mit Aprikosenmarmelade bestreichen und in der Mitte mit den in Würfel oder Spalten geschnittenen Pfirsichen füllen. Nach Belieben kann auch ein Teil des Saftes mit etwas Speisestärke eingedickt und über die Pfirsichstücke gegossen werden.

LAURA FUCHS, GUGLÖD 25, 94568 ST. OSWALD

Schluchsen

1 kg Mehl
1 P. Backpulver
1 Becher Sauerrahm
1 ½ Becher Magerjoghurt
3 Eier
3 EL Zucker
1 P. Vanillezucker
1 TL Salz
170 g weiche Butter
ca. ¹⁄₁₆ l Milch
Butterschmalz zum Backen

Mehl mit Backpulver vermischt in eine große Schüssel sieben, in die Mitte eine
Vertiefung eindrücken. Sauerrahm, Joghurt, Eier, Zucker, Vanillezucker und Salz
hineingeben und mit Mehl vermengen. Butter und Milch nach Bedarf dazugeben
und alles zu einem glatten Teig verkneten.
Teig etwa 1 Stunde kühl ruhen lassen, dann ca. ½ cm dick ausrollen. Mit einem
Teigrädchen Rechtecke ausradeln.
Butterschmalz erhitzen und die Schluchsen auf beiden Seiten goldgelb backen.

HENNINE STÖMMER, SOMMERSHAUSERSTRASSE 9, 94437 MAMMING

Schneeballen

300 g Mehl
1 Prise Salz
5 Eigelb
50 g weiche Butter
3 EL Sahne
2 EL Rum
Butterschmalz zum Backen
Zucker oder Puderzucker zum Bestreuen

Mehl auf die Arbeitsfläche sieben, in die Mitte eine Vertiefung eindrücken. Salz, Eigelb, Butter, Sahne und Rum hineingeben und alle Zutaten zu einem glatten Teig verkneten.
Teig ca. 30 Minuten kalt ruhen lassen, dann zu Rollen formen.
Dünne Scheiben abschneiden, diese zu runden Flecken (Untertassengröße) ausrollen und die Kreisfläche zu ca. 1 ½ cm breiten Streifen einschneiden oder einradeln, dabei den äußeren Rand 1 cm breit ganz lassen.
Einen Kochlöffelstiel zwischen die einzelnen Streifen schieben, die Schneeballen am Kochlöffel in das heiße Butterschmalz geben und dabei leicht drehen.
Schneeballen goldgelb backen, auf Küchenkrepp abtropfen lassen und nach Belieben mit Zucker oder Puderzucker bestreuen.

Sylvia Geretschläger, Am Glauberg 3, 94139 Breitenberg

Schwarzer Brotpudding

100 g Butter
100 g Zucker
7 Eier, getrennt
1 Prise Salz
100 g gemahlene Mandeln
100 g Schwarzbrotbrösel
100 g geriebene Schokolade
1 TL Zimt
1 Prise gemahlene Nelken
50 g fein gehacktes Zitronat
Butter und Brösel für die Puddingform

Geschmolzene, abgekühlte Butter mit Zucker schaumig rühren, ein Eigelb nach dem anderen dazugeben und unterrühren. Unter die sehr cremige Schaummasse Mandeln, Schwarzbrotbrösel und Schokolade ziehen, Zimt, Nelken und Zitronat zufügen. Eiweiß mit Salz zu sehr steifem Schnee schlagen und vorsichtig unter den Puddingteig heben.
Puddingform gut mit Butter ausstreichen und mit Bröseln ausstreuen. Teig einfüllen, Deckel schließen und Pudding im Wasserbad (Dunst) knapp 1 Stunde kochen. Form aus dem Wasserbad nehmen, Pudding einige Minuten ruhen lassen, dann auf eine Servierplatte stürzen.

CLAUDIA MÄRZENDORFER, WEXELBERGERSTRASSE 13, 94060 POCKING

Thyrnauer Rosen

ca. 300 g Mehl
1 Prise Salz
2-3 EL Sauerrahm
1 EL Zucker
6 Eidotter
2 EL Rum
1 verquirltes Eiweiß zum Bestreichen
Marmelade zum Füllen
reichlich Butterschmalz zum Backen
Puderzucker zum Bestäuben

Mehl auf die Arbeitsfläche sieben, in die Mitte eine Vertiefung eindrücken. Salz, Sauerrahm, Zucker, Eidotter und Rum hineingeben und von der Mitte aus mit dem Mehl vermengen. Teig gut kneten, bis sich Blasen bilden, dann 30 Minuten im Kühlschrank ruhen lassen.

Teig dünn ausrollen, Kreise in 4 verschiedenen Größen ausstechen und die drei größeren Scheiben jeweils am Rand 8 mal einradeln oder einschneiden, wodurch die Blätter der Rosen gebildet werden. Die kleinste Scheibe wird nicht eingeschnitten. Die Rosetten in der Mitte mit etwas Eiweiß bestreichen und der Größe nach aufeinander kleben. Die kleinste Scheibe zum Schluss ebenfalls mit etwas Eiweiß in die Mitte der Rosetten kleben und alle nochmals mit einem Kochlöffelstiel zusammendrücken.

Rosen mit der Oberseite nach unten in das heiße Butterschmalz geben und goldgelb backen. Rosen auf etwas Küchenkrepp abtropfen lassen, dann auf die innerste Scheibe etwas rote Marmelade geben und nach Belieben mit Puderzucker bestäuben.

ÄBTISSIN CARITAS, ZISTERZIENSERINNEN-ABTEI ST. JOSEF, 94136 THYRNAU

Irmi Hofmann
Schmankerl aus dem Bauernjahr
184 Seiten, Hardcover, Format 17 x 24,6 cm,
8 Farbabbildungen, DM 19,80/sFr 19,-/ÖS 145,-
ISBN 3-89682-975-0

Bereichern Sie Ihre Alltags-
küche mit bodenständig-urigen
Rezepten und feinen Köstlich-
keiten: Schmackhafte Suppen,
deftige Fleischspeisen, leckere
Mehlspeisen, kernige Kartoffel-
und Knödelgerichte, zarte
Nachspeisen, Süßes zum Kaffee und besondere Schmankerl
wie Met, Bonbons, Bauern-
kaviar oder Bärenfang erfreuen
jeden Gaumen!

Irmi Hofmann
**Lieblingsrezepte aus Obst, Gemüse,
Kartoffeln und Vollkorn**
184 Seiten, Hardcover, Format 17 x 24,6 cm,
8 Farbabbildungen, DM 19,80/sFr 19,-/ÖS 145,-
ISBN 3-89682-973-4

Gesund und zeitgemäß ge-
nießen mit Gerichten, die
lecker schmecken, Spaß
machen und gesund sind. Eine
Kostprobe? Wie wäre es mit
Mostkartoffeln, Gerstenbraten,
Brokolikuchen oder einem
Quittentopf?
Gut und gesund, das ist die
Devise dieses Kochbuches.